Reinhard

Über Lesben, Lebkuchen und Leidenschaft

CONNY REINHARD (*1975) wohnt in Saarbrücken. Nach Ausbildung und Studium im ökonomischen Bereich begann sie ihre Werktätigkeit bei einem sozialen Träger. Darüber hinaus engagiert sie sich seit vielen Jahren u.a. in schwul-lesbischen Bezügen, für die sie auch redaktionell und gestalterisch tätig ist. Schwerpunkte hierbei sind Emanzipationspolitik und kommunale Kulturarbeit. Zu erwähnen ist besonders ihre Mitarbeit bei den Cinédames. „Das Leuchten des Almfeuers“ (HOMO Littera) war ihr erster publizierter Roman.

Conny Reinhard

Über Lesben, Lebkuchen und Leidenschaft

L-Storys zur Weihnachtszeit

Anthologie

HOMO Littera

Bibliografische Infor eutschen Bibliothek
Die Deutsche Bibliothek verze Publikation in der Deutschen
Nationalbibliografie; detaillierte he Daten sind im Internet über
http://d rufbar

FSC
www.fsc.org
MIX
Papier aus verantwortungsvollen Quellen
Paper from responsible sources
FSC® C105338

Conny Reinhard, Über Lesben, Lebkuchen und Leidenschaft

Am Rinnergrund 14, A - 8101 Gratkorn,
www.HOMOLittera.com
Email: office@HOMOLittera.com

Coverfoto:
Frau lacht in einer Schneelandschaft © Jonas Glaubitz – Fotolia.com

Foto im Buch:
Weihnachten © F. Gorly

Handlung, Charaktere und Orte sind frei erfunden. Jede Ähnlichkeit mit lebenden oder toten Personen ist rein zufällig.

Das Model auf dem Coverfoto steht in keinem Zusammenhang mit dem Inhalt des Buches. Der Inhalt des Buches sagt nichts über die sexuelle Orientierung des Models aus.

Die geschilderten Handlungen dieses Buches sind fiktiv! Im realen Leben gilt verantwortungsbewusster Umgang miteinander und Safer-Sex!

Originalausgabe: November 2014

Printed in Germany

ISBN Print: 978-3-902885-70-8
ISBN PDF: 978-3-902885-71-5
ISBN EPUB: 978-3-902885-72-2
ISBN PRC: 978-3-902885-73-9

Inhaltsangabe

Wiedersehen an Heiligabend

Petra stöhnte auf. Ihre Küche bot ein verheerendes Chaos. Fast alles war mit einer dicken Mehlschicht bedeckt. Zuckerhäufchen und Butterpfützen machten den Saustall komplett. Als wäre das nicht genug, tropfte etwas seltsam Breiiges an einer Ecke der Wand herab. Heute Morgen war ihre Tochter auf den verrückten Einfall gekommen, Lebkuchen zu backen.

„Ohne die ist es kein echter Heiligabend", hatte Leonie gekräht.

Volle drei Stunden brauchten sie, um ein eigentlich simples Rezept zum Leben zu erwecken und letztendlich in den Ofen zu schieben. Die Siebenjährige war sehr enthusiastisch bei der Sache gewesen, nur leider auch mit ganzem Körpereinsatz. Was die Folge hatte, dass Petra das von oben bis unten mit Mehl bekleckerte Kind unter die Dusche stellen musste.

Hätte sie diesem Backmanöver bloß nicht zugestimmt oder es zumindest früher erledigt und nicht erst am 23. Dezember.

Nun herrschte Stress pur. Gleich kam Jochen, und Leonie wollte unbedingt noch irgendwelche Spielsachen in den Koffer packen.

Zum Umziehen war keine Zeit mehr, obwohl Petra es dringend nötig gehabt hätte. Ihre Klamotten waren verschwitzt und verdreckt. Das halblange, braune Haar hatte sie zusammengebunden, was ihrer Meinung nach nicht schmeichelhaft aussah. Der Pferdeschwanz war dazu weiß mit

Mehl bestäubt, da Leonie während des Backens immer wieder damit gespielt hatte.

Erschöpft atmete Petra tief durch und schaute sich erneut in dem verschmutzten Raum um. Weder sie noch Leonie waren begabte Bäckerinnen, was sie mit der heutigen Aktion eindrucksvoll unter Beweis gestellt hatten.

Gab man Petra hingegen eine Übersetzungsarbeit, hatte sie die im Handumdrehen fertig. Backen erschien ihr wesentlich komplizierter, als ein handschriftliches Dokument aus dem Altfranzösischen ins Deutsche zu übertragen.

Ein Glück, dass ihre Mutter für gewöhnlich aushalf. Nur war die leider mit Petras Vater zu Verwandten in die Berge gefahren. So hatte sie zu ihrem Leidwesen dieses Jahr ranmüssen.

Petra holte die fertigen Teile aus dem Ofen und stellte sie auf dem Tisch ab, danach mühte sie sich mit dem Putzlappen verzweifelt ab, die Küche zurück in einen sauberen Zustand zu versetzen. Im Moment sah es wie nach einem Bombenanschlag einer Terrorbäckerbande aus.

Kaum war das größte Chaos beseitigt, klingelte es. Leonies laute Schritte klackten im Flur, als sie zur Wohnungstür raste, um als Erste anzukommen.

„Ich mach auf, Mama“, kam der gellende Standardruf.

Petra rollte mit den Augen, war aber trotzdem dankbar, dass Leonie öffnete, denn sie hatte die Arme voll mit Geschirr. Während des Einräumens der Spülmaschine hörte sie, wie Vater und Tochter sich fröhlich begrüßten.

Gerade hatte Petra das Besteck hineingetan, als Leonie lauthals schrie, obwohl sie direkt hinter ihr stand: „Hey Mama, Papa ist hier!“

Bedauerlicherweise durchlief die Siebenjährige derzeit eine Phase, in der sie es geradezu liebte, ihre Mutter auf die Palme zu bringen. In gleicher Lautstärke rief sie zu Jochen: „Du kommst eben rechtzeitig, um unsere leckeren, selbst gemachten Lebkuchen zu probieren!“

Leise und mit unschuldiger Miene fragte sie dann: „Soll ich dir beim Saubermachen helfen, Mama? Auch wenn ich es nicht so gut kann?“

„Zumindest kannst du einen Stuhl für Papa freiräumen, damit er sich setzen kann, Mäuschen.“ Petra hob eine Augenbraue. Es war eine Technik, die sie gewöhnlich recht erfolgreich bei ihrem Wildfang anwendete. Sie sollte ihre Tochter wissen lassen, dass sie sie durchschaut hatte, aber nicht schelten wollte, solange sie brav sein würde.

Leonie tat, wie ihr angewiesen, und Jochen erschien grienend im Türrahmen. „Hi, Mutter meines größten Schatzes.“

„Hallo.“ Petra gab ihm ein Begrüßungsküsschen auf die Wange.

„Magst du etwas trinken, Jochen?“

„Ein Kaffee wäre toll.“

Sie schenkte ihm eine Tasse ein und setzte sich zu ihm an den Tisch.

Er hob seinen Rucksack in die Höhe. „Ich hab schon das erste Geschenk für unsere Tochter dabei.“

„Ihr feiert doch morgen gemeinsam Weihnachten.“ Petra kniff ihre Augen zusammen.

„Es ist von Marcella, unserer alten Studienfreundin. Sie hat es mir neulich mitgegeben, und ich hab mir gedacht, ich bring es heute schon vorbei.“

Petra verstand zwar nicht die Logik dahinter, dennoch schwieg sie.

Leonie jedoch rief direkt begeistert: „Oh, dann ist es bestimmt ein Buch!“

„Das wirst du erst wissen, wenn du das Päckchen öffnest, mein Mäuseschnäuzchen“, sagte Jochen.

Das heftige Kosewort veranlasste Leonie zu theatralischem Augenrollen, trotzdem erhob sie wie Sekunden zuvor ihre Mutter keinen Protest auf seine Rede.

„Hier, das ist es.“ Jochen holte das pink verpackte Geschenk mit einer violetten Schleife hervor und reichte es ihr.

Strahlend fiel Leonie ihm um den Hals. „Toll Papa! Sag Marcella auch danke von mir!”

„Mach ich!“ Zu Petra gewandt, fragte er: „Darf sie es schon aufmachen?“

„Bitte, bitte, Mama!“

Petra strich ihrem vor Aufregung und Vorfreude ganz zappeligen Kind über den braunen Haarschopf. Ihre Tochter war ein wahres Energiebündel, quirlig und spitzbübisch, zudem hatte sie ein reines Herz, dass das ihre immer wieder zum Schmelzen brachte. Seufzend lächelte sie: „Okay, Schätzchen. Setz dich zu Papa und mir und zeig her, was du bekommen hast.“

Kaum hatte Petra es ausgesprochen, riss Leonie das Papier von ihrem Geschenk. Es dauerte keine paar Sekunden, da rief das Mädchen schon begeistert: „Cool! Ein Buch über eine Piratentochter und ihre Abenteuer. Marcella ist so super!“

Jochen lachte, während Petra nur gequält grinste.

Marcella Pozzi war mittlerweile Autorin und Lektorin für Kinderliteratur und hatte dadurch einen unerschöpflichen und günstigen Zugang zu Kinderbüchern. Direkt fing indes die Siebenjährige zu lesen an.

Petra schüttelte den Kopf. Wie konnte die alte Kommilitonin nur wissen, dass Leonie auf dieses Buch total abfahren würde? Und wieso schenkte sie ihr jahrein, jahraus etwas? Sie hatten doch überhaupt keinen persönlichen Kontakt miteinander.

Jochen stieß sie an. „Na, wie findest du Marcellas Lektüre für unsere Tochter?"

Petra schreckte aus ihren Gedanken auf und antwortete schnell: „Super. So wie üblich. Apropos, wie geht's der berühmten Schriftstellerin eigentlich?"

„Ganz gut, wenn sie auch ein wenig einsam seit dem Unfalltod ihrer Eltern ist. Vorgestern war ich bei ihr und sie kochte eins ihrer wundervollen italienischen Gerichte. Wir tranken zwei Flaschen Wein miteinander, wobei wir über alte Zeiten geplaudert und uns gegenseitig von unseren Projekten berichtet haben", sagte Jochen.

Petra nickte. „Ist sie immer noch so dick mit unserer Kursleiterin?"

„Nicht wirklich, ihr Verhältnis ist empfindlich abgekühlt."

„Wie denn das?" Sie starrte ihn überrascht an. „Sie war doch immer ihre Lieblingsstudentin und die Theobald ihr großes Vorbild und ihre Mentorin. Was ist passiert?"

„Na ja, unsere Professorin hat nie aufgehört zu versuchen, Marcella ihre Sicht über das Wesen und der Arbeit einer Literaturwissenschaftlerin aufzuzwängen. Irgendwann machte Marcella ihr einige Dinge klar, die sie über all die Jahre zurückgehalten hatte." Jochen zuckte die Achseln. „Theobald war davon nicht gerade begeistert. Seitdem haben sie den Kontakt auf ein Minimum reduziert. Beide sind zu stur, um sich zu versöhnen."

„Was ist mit Holger?"

„Hast du das nicht mitbekommen?" Nun war er es, der sie verdutzt anblickte. „Nach dem Examen hat er Marcella doch für eine andere verlassen."

„Na ja, ein Frauenheld war er stets gewesen. Ich habe nur gedacht, dass sie ihn gezähmt hätte, so wie Holger das ganze Studium hinter ihr her war." Petra lehnte sich in ihrem Stuhl zurück und nippte nachdenklich an ihrem Kaffee.

Jochen lachte bitter auf. „Als er die Beute erlegt hatte, schaute er sich nebenbei weiter um. Keine solide Basis für eine Beziehung."

Stirnrunzelnd grübelte sie über seine Rede. Etliche Fragen schwirrten in ihrem Hirn umher. Es bekümmerte sie, selbst wenn Petra nicht verstand, wieso. Sie hatte immerhin kaum an Marcella gedacht, nachdem sie das Studium beendet hatten.

Jochen stupste sie abermals an. „Was gibt's bei dir Neues? Was macht die Uni?"

„Alles prima", lächelte nun Petra aufrichtig. Teils, da er sie damit auf andere Gedanken brachte, teils, weil sie wirklich etwas Positives zu berichten hatte. „Wir haben an der Fakultät den großen Forschungsauftrag bekommen."

Aufgeräumt schlug er ihr auf die Schulter. „Das freut mich für dich. Erzähl."

Zugleich fielen sie in eine gesellige Unterhaltung und sprachen auch über Jochens Arbeit als Reisejournalist. Leonie beteiligte sich nicht daran. Sie war total in die Abenteuer der Piratentochter vertieft.

Versonnen betrachtete Petra den schlaksigen blonden Mann, als er ausschweifend über seine letzte Tour berichtete, die ihn ins australische Outback gebracht hatte.

Ihre gemeinsame Zeit als Paar hatte nicht lang angedauert. Es war bei beiden nicht die große Liebe gewesen. Er hatte noch seiner Exfreundin nachgetrauert, sie stand schon damals eigentlich mehr auf Frauen. Doch die melancholische Stimmung auf der Examensfeier hatte sie geeint – das und der in Strömen fließende Alkohol. Was schließlich dazu geführt hatte, dass sie miteinander im Bett gelandet waren. Die Trennung nur wenige Wochen später ging von gleichen Teilen in bestem Einvernehmen vonstatten. Wie auch der Entschluss, das Kind zu behalten, das durch diese Liaison entstanden war.

Manchmal wunderte sich Petra, wie alles so reibungslos funktioniert hatte und es weiterhin tat. Trotz der Schwangerschaft hatte sie die Stelle an der Uni antreten und dadurch sogar promovieren können. Zwar lebte Leonie bei ihr, doch Jochen konnte sie sehen, wann immer er wollte. In grundlegenden Erziehungsfragen waren sie einer Meinung, und es hatte sich eine richtig gute Freundschaft zwischen ihnen entwickelt. Die Liebe kam indes nicht mehr zurück. Er war inzwischen auch längst mit einer älteren Fotografin zusammen.

„Wie verbringst du eigentlich ohne Leonie Weihnachten?“, fragte Jochen plötzlich. „Bist du bei deinen Eltern oder bei deiner Schwester mit ihrer Familie?“

„Die sind alle ausgeflogen. Meine Mutter und mein Vater sind Verwandte besuchen, und Verena ist mit Kind und Kegel nach Gran Canaria geflogen“, sagte Petra mit tapferer Miene. Ihr Gegenüber sollte kein schlechtes Gewissen bekommen, weil er ihre Tochter die Feiertage über bei sich hatte. Es war der erste Heiligabend, den er mit seinem Kind feierte. Leider war es dadurch ihr erster ohne Leonie und sogar die ersten Weihnachten komplett allein.

Der Freund blickte sie betroffen an. „Ich werde mit Manuela reden. Wir können es uns morgen zu viert gemütlich machen."

„Lass mal", sagte Petra bestimmt. Sie kannte die eifersüchtige Ader ihrer Nachfolgerin. Diesen Stress wollte sie sich nicht antun. „Ich bin sicher, dass ich den Heiligabend auch so gut herumkriege."

„Wie du meinst", erwiderte er zweifelnd.

Sie tranken ihren Kaffee aus. Nun wurde es langsam Zeit für Jochen und Leonie aufzubrechen.

Petra füllte die Hälfte ihres Backwerks in eine große Plastikdose und gab sie ihm. „Hier, für euch morgen. Genießt sie."

„Danke, das ist lieb."

Er wollte noch etwas sagen, doch Leonie röhrte: „Fahren wir jetzt, Papa? Ich will mit dir und Manu den Weihnachtsbaum schmücken."

„Das tun wir, mein Schatz. Zuerst schauen wir, ob du deinen Koffer fertig gepackt hast."

„Das Buch von Marcella fehlt noch", krähte sie und lief voraus in ihr Kinderzimmer.

Bevor Jochen ihr folgte, verlangte blitzartig ein hartnäckiger Gedanke in Petras Hirn beantwortet zu werden. Ehe sie ihn bekämpfen konnte, platzte er bereits aus ihr heraus: „Mit wem feiert Marcella eigentlich Weihnachten?"

„Wie immer. Allein", antwortete er unbekümmert. „Wieso?"

„Nur so."

Jochen bedachte sie mit einem forschenden Blick, aber erwiderte nichts. Stattdessen ging er aus der Küche und rief: „Denk dran, Leonie. Es muss noch Platz für die Geschenke morgen bleiben."

Versteinert blieb Petra auf ihrem Stuhl sitzen. In ihrem Kopf war eine unerwartet traurige, lähmende Stille. Lange verharrte sie. Erst als sie Leonies lautes Lachen vernahm, weil ihr Vater sie kitzelte, kam Petra zurück in die Gegenwart und das Leben, wie sie es kannte. Sie beschloss die Melancholie zu vertreiben und weiter das Chaos in ihrer Küche zu beseitigen. Ihr Blick fiel dabei auf die Karte, die ihre alte Kommilitonin zu dem Buch gesteckt hatte. Fast vergessen lag sie auf dem Tisch. Petra nahm sie in die Hand. Es war eine gewöhnliche Karte, auf der die üblichen Weihnachtsgrüße aufgedruckt waren. Innendrin allerdings hatte Marcella in ihrer klaren, schnörkellosen Schrift geschrieben: *Ich wünsche euch eine richtig schöne Zeit und denk an euch. Frohe Weihnachten und alles Gute im neuen Jahr. Alles Liebe, Marcella.*

Am nächsten Tag, früher Nachmittag des 24. Dezembers

Seit gestern hatte Petra die Wohnung für sich allein. Ohne Leonie erschien sie ihr schrecklich leise und leer. So leise und leer, wie es wohl ebenso bei Marcella war.

Sie gab sich einen Ruck, obwohl sie sich nicht sicher war, dass sie das Richtige tat. Um ehrlich zu sein, hatte sie in den vergangenen acht Jahren nie versucht, mit Marcella in Kontakt zu treten. Deren Geschenke für Leonie, auch wenn sie der früheren

Studienkollegin nichts kosteten, hatte sie stets widerwillig zur Kenntnis genommen. Jetzt unerwartet bei ihr zu erscheinen, darüber hinaus am Heiligabend, war der absolute Irrsinn. Trotzdem befahl ihre innere Stimme es zu tun.

„Eine selten sentimentale Kuh bin ich“, stöhnte Petra in sich hinein. Sie stieg in ihr Auto, warf ihre Handtasche auf den Beifahrersitz und legte vorsichtig das Gastgeschenk für Marcella daneben. Dann startete sie schnell den Motor, bevor sie sich noch umentschied.

Wäre das Ziel ein anderes gewesen, hätte Petra die Fahrt zum entgegengesetzten Teil der Stadt genossen. Es hatte den Morgen über geschneit, sodass die Umgebung in einem malerischen Weiß erstrahlte. Die Straßen waren freigeräumt und nur wenige Verkehrsteilnehmer kreuzten ihren Weg. Im Gegensatz zu sonst machte es Spaß heute unterwegs zu sein.

Nach knapp zwanzig Minuten hatte Petra Marcellas Viertel erreicht. Sie parkte vor dem von der Nachbarschaft abseitsstehenden Bungalow. Es musste am großen Garten des Grundstücks liegen, dass das Haus wie ein Außenseiter wirkte.

Nichtsdestotrotz war das Gebäude für Petra ein Meisterwerk der Architektur. Seine Formen harmonierten perfekt mit der Landschaft, und es war aus Holz, Metall und rotbraunem Stein gebaut worden. Es schien zugleich leicht und lichtdurchflutet als auch stabil und gemütlich.

Beeindruckt stieg Petra aus ihrem Wagen, nahm Geschenk und Tasche in die Hände und machte sich auf den Weg. Sie ging über eine lang gezogene Außentreppe zum Eingang des Bungalows. Sie hätte niemals ein Haus wie dieses erwartet, aber dem ungeachtet wusste sie nicht, womit sie eigentlich gerechnet hatte. Andererseits war Petra bereits zu Beginn des Studiums bewusst geworden, dass Marcella Pozzi grundsätzlich ein Mensch war, der immer voller Überraschungen steckte.

Als sie schließlich vor der Haustür stand, empfand sie Zweifel. War das nicht dreist, was sie da vorhatte? Marcella musste sich übertölpelt vorkommen. Fast wollte sie wieder umkehren.

Nach langem Grübeln drückte Petra den Klingelknopf. Sie nahm einen tiefen Atemzug und versuchte weniger nervös zu erscheinen, als sie es war.

Sie wartete.

Zunächst tat sich nichts, erst nach rund einer halben Minute hörte sie, wie das Schloss entriegelt wurde. Im nächsten Moment öffnete Marcella die Tür.

Wortlos starrten sie sich an. Bei ihrer Kommilitonin musste es an der Überraschung liegen, bei Petra hingegen war es pure Faszination, weshalb sie schwieg. Marcella hatte sich, seitdem sie die Uni verlassen hatten, kaum verändert. Sie hatte immer noch diese glutvollen, tiefgründigen braunen Augen. Sie war immer noch die gleiche Schönheit wie damals. Mit einem Unterschied: Ihre langen, schwarzen Haare trug sie nun offen, sodass sie wie ein Schleier auf ihrem weißen, figurbetonten Pullover lagen.

Marcella war auch diejenige, die ihre Sprache als Erstes wiederfand: „Petra Brandner? Du hier? Kann ich ... dir helfen?“

„Hallo. Nein, alles in Ordnung.“ Sie wusste nicht, was sie ihrem Gegenüber sonst erwidern sollte. Jochen hatte einmal erzählt, dass Marcella inzwischen entspannter geworden war, aber jetzt erschien sie wie früher – steif und beherrscht.

In ihre Überlegungen hinein wurde Petra von einer frostigen Windböe erfasst, die sie schaudern ließ.

„Du frierst sicher. Entschuldige, komm rein", sprach Marcella weicher. Sie machte zwei Schritte rückwärts und winkte ihren Gast zu sich. „Kann ich deinen Mantel haben?"

Die unverhoffte Gastfreundlichkeit berührte Petra, und dann lachte sie fast über sich. Seit Jochen sie gestern besucht hatte, brachte sie alles aus der Balance, was mit Marcella zusammenhing, wobei die doch bloß eine alte Kommilitonin war, über die sie früher wegen ihrer Ernsthaftigkeit und ihres Strebertums immer gelacht hatte.

Petra betrat den Eingangsbereich des Hauses und zog ihren Mantel aus. Sie war überwältigt, wie warm und behaglich es im Inneren war.

Marcella nahm das Kleidungsstück entgegen und hängte es an die Garderobe. Sie signalisierte ihr, ihr nachzukommen. Stumm folgte Petra der hochgewachsenen Frau durch deren Heim. Auf ihrem Weg kamen sie an der modernen Küche und am Bad, das im orientalischen Stil gehalten war, vorbei. Petra kam aus dem Staunen nicht mehr heraus. Das Haus war fantastisch, und sie wünschte sich, sie würden sich etwas langsamer fortbewegen, damit sie mehr sehen konnte, aber Marcellas Gang war, wie gewöhnlich, zügig. So marschierten sie schnurstracks an einer offenen Tür vorüber, wo Petra verschiedene, volle Bücherregale entdeckte. Da sie als Übersetzerin von Natur aus neugierig auf Bücher reagierte, stöhnte sie innerlich, als Marcella ungeachtet weiterschritt. Sie ermahnte sich selbst, hier nicht herumschnüffeln zu können. Schließlich betraten sie das Wohnzimmer. Endlich konnte sich Petra in Ruhe umschauen. An der einen Wand des Raums befand sich eine bequem aussehende Couchlandschaft, vor der ein niedriger Tisch stand. Gegenüber gab es einen Kamin und einen großen Fernseher, neben dem Marcella eine Stehlampe aufgestellt und drei dicke Sitzkissen auf den Boden platziert hatte.

Petra betrachtete zudem die Bilder, die allesamt Marcellas italienische Heimat zeigten – jedoch nicht auf die altbekannte, kitschige Art und Weise. Das riesige, farbenfrohe Kunstgemälde im expressionistischen Stil gegenüber dem Sessel beeindruckte sie besonders. So wandte sie sich ihm zu, um es eingehender zu betrachten.

Ihre Gastgeberin gesellte sich zu ihr und breitete einen Arm aus. „Nimm bitte Platz. Magst du etwas trinken?“

Petra schüttelte den Kopf und ließ sich nieder, während Marcella sich aufrecht auf die gemütlich aussehende Couch setzte. Irgendetwas in ihrer steifen Attitüde brachte Petra auf die Idee, dass Marcella gewöhnlich anders auf diesem Möbelstück saß. Sie hätte wetten können, dass ihr Gegenüber normalerweise die langen Beine unter sich schob, wenn sie dort hockte. Petra verdrängte diesen Gedanken und überreichte ihr das Geschenk, das sie mitgebracht hatte. „Hier, für dich. Frohe Weihnachten.“

„Danke, das ist wirklich aufmerksam.“ Marcella blickte Petra mit einer solch unerwarteten Freude an, dass die spürte, wie ihr Herz direkt in einem schnelleren Takt schlug.

„Mach es auf.“

Vorwitzig öffnete Marcella die Schachtel. Es lagen ein schmales Büchlein und eine Tüte mit Süßigkeiten drin. Versonnen betrachtete sie das Geschenk in ihren Händen und schaute letztlich fragend auf.

„Ähm, ich habe mir gedacht, das könnte dir vielleicht ganz gut gefallen. Es sind von Leonie und mir selbst gebackene Lebkuchen und ein Lyrik-Band von Patricia Cavalli im Original.“ Petra spürte, wie sie vor Scheu errötete, doch sie wusste nicht weshalb. „Ich bin nicht sicher, ob du es hast oder überhaupt magst. Ich weiß, es ist ziemlich gewagt, aber …“

„Es ist wundervoll“, flüsterte Marcella mit einem strahlenden Lächeln im Gesicht.

Perfekt, dachte Petra, und ihre Mundwinkel verzogen sich ebenfalls nach oben.

Es sollte ihr schnell vergehen, denn unvermittelt meinte die frühere Kommilitonin: „Ich freue mich natürlich über deinen Besuch und das Geschenk, trotzdem wüsste ich gern, was dich ausgerechnet heute hierher gebracht hat.“

Petra seufzte. Sie hatte mit dieser Frage gerechnet, aber bis jetzt noch nicht entschieden, was sie darauf erwidern sollte.

„Du, ähm, ich weiß ehrlich nicht, weshalb wir nie in Kontakt geblieben sind“, begann sie zögernd. „Doch als Jochen erzählt hat, dass du Weihnachten allein verbringst, beschloss ich, dass du gegen etwas Gesellschaft bestimmt nichts einzuwenden hast.“

Marcella hob ihren Kopf, offensichtlich erwartete sie eine weitere Erklärung.

„Ich finde ... also, niemand sollte allein an Heiligabend sein.“

„Das ist nicht schlimm. Für gewöhnlich gehe ich dann bis zum Sonnenuntergang in den Wald. In der Natur fühle ich mich nicht einsam.“

„Oh“, erwiderte Petra leise. Beklommen empfand sie sich als störenden Eindringling, der Marcella von einem lieb gewonnen Ritual abhielt. Am besten war es, sie verduftete so schnell wie möglich. Gleich jedoch wieder vollkommen allein in ihrer leeren Wohnung zu sein, erschien ihr ziemlich deprimierend. „Vielleicht ist es auch, weil ich nicht allein sein wollte.“ Sie hauchte fast:

„Vielleicht dachte ich, ähm, du würdest verstehen, wie ich mich fühle."

Marcella klatschte in die Hände. „Was soll das lange Gerede? Schön, dass du da bist. Wie wäre es, wenn du mich bei meiner kleinen Wanderung begleitest?"

Lächelnd schaute Petra auf. „Würde mir gefallen."

Marcella erwiderte es. „Also abgemacht. Zu zweit macht das ja auch mehr Spaß."

Obwohl das herrliche Winterwetter geradezu einlud, einen ausgedehnten Nachmittagsspaziergang im Schnee zu unternehmen, begegnete den beiden Frauen kaum jemand. Wohl waren die meisten Menschen zu sehr mit den Vorbereitungen für das Weihnachtsfest beschäftigt, um sich draußen die Beine zu vertreten.

Es war Petra ganz recht. So wurden sie und Marcella in der ruhigen, malerischen Natur des Waldes nicht gestört. Deutlich spürte sie wie Stress und Aufregung der letzten Zeit von ihr abfielen. Lächelnd entnahm sie aus ihrer Tasche eine Plastiktüte und sammelte Tannenzapfen vom Boden auf. Sie wusste, ihre Tochter würde sich darüber freuen, wenn sie nach den Feiertagen zurückkam.

Mit fragendem Blick schaute Marcella ihr zu.

„Nicht wundern, ich habe daheim eine Siebenjährige, die für ihr Leben gern bastelt", antwortete sie mit einem Lachen. „Ich kann daher nicht auf eine Wanderung gehen und mit leeren Händen zurückkommen!"

„Wenn das so ist, darf Leonie natürlich nicht enttäuscht werden“, erwiderte Marcella und half mit.

Sie sammelten auch abgebrochene Tannenzweige auf, sodass sie im Nu die Tüte voll hatten.

Eine Weile gingen sie schweigend weiter. Petra betrachtete gedankenverloren die alte Studienkollegin. Sie war eine attraktive Frau und wenn sie erst einmal auftaute, eine angenehme Zeitgenossin. Weshalb war Marcella also solo? Wieso verbrachte sie so viel Zeit allein? Petra hätte es zu gerne gewusst. Vorsichtig startete sie: „Darf ich dich etwas Persönliches fragen?“

„Klar“, erwiderte Marcella, „wenn ich das Gleiche bei dir auch tun kann.“

„Ist nur gerecht. Also, mich würde interessieren, wie es dir nach der Trennung von Holger ging. Was waren das für Männer nach ihm?“

„Da gab es keine.“

„Keinen einzigen?“, fragte Petra ungläubig.

„Ja.“

„Warum?“

„Ich habe kein Interesse mehr an Kerlen. Darum“, erwiderte Marcella lapidar.

Völlig verblüfft rief Petra: „Du bist seit dem Examen Single geblieben?“

„Das habe ich nicht behauptet. Ich habe nur gesagt, dass ich nichts mehr von Männern will.“

Zuerst war Petra komplett ratlos, dann errötete sie. „Oh, jetzt habe ich es kapiert.“

„Sehr schön.”

Abgelenkt betrachtete Petra die Bäume des Waldes und sah ein Eichhörnchen ihren Weg kreuzen. Sie wusste nicht, wieso, doch eins wollte sie noch zu dem Thema wissen: „Gab es eigentlich neben Holger auch eine Frau in unserem Semester, mit der du was am Laufen hattest?“

„In der Tat, auch wenn es sich im Nachhinein als eine Farce herausstellte.“ Marcella lachte sarkastisch auf. „Du wirst sicher nicht überrascht sein, dass es sich hierbei um Prof. Dr. Eva Theobald handelt. Sie war sogar der erste Mensch, mit dem ich intim wurde. Ich war über beide Ohren in sie verliebt, sie jedoch nicht in mich. Okay, wir teilten eine Zeit lang das Bett, aber schon bald war sie gelangweilt. Als Studentin, die sie formen und kontrollieren konnte, war sie hingegen weiterhin von mir angetan. Nach einer Weile stellte ich klar, dass ich diese Eingriffe in mein Leben nicht mehr wollte, was im Gegenzug ihr Ego nicht ertrug. Mir wurde bewusst, dass sie mich nie als Gleichberechtigte ansehen würde. Noch vor dem Examen ließ sie mich fallen. Ich versuchte mich mit Holger zu trösten und einen auf hetero zu machen, aber lange ging das nicht gut.“

„Das tut mir leid“, antwortete Petra weich.

„Ich bin längst darüber hinweg. Abgesehen davon bin ich dennoch für Evas Unterstützung dankbar. Wäre sie nicht gewesen, wäre ich nicht da, wo ich bin“, erwiderte Marcella tapfer.

Petra wusste nicht, was sie darauf erwidern sollte. Sie zweifelte nicht daran, dass die Studienkollegin lange Zeit gebraucht hatte, um darüber hinwegzukommen. Vermutlich war es andererseits die gesündeste Haltung, die sie jemals bei jemandem gesehen hatte, der so erbärmlich abserviert worden war. Ihre eigene Meinung über Theobald sank dadurch empfindlich.

„Und du? War da niemand nach Jochen?“, wollte Marcella wissen.

„Nee.“ Petra seufzte. „Ich denke, niemand ist sonderlich scharf auf einen hitzköpfigen Workaholic mit einem kleinen Kind als Anhang. Darum halte ich mich von jeglichen Balzritualen fern und hab die Liebe bis auf Weiteres abgeschrieben.“

„Welch Schande“, flüsterte Marcella.

Petra kräuselte die Stirn, aber anstatt über ihre eigene Lage zu diskutieren, wollte sie lieber mehr über Marcella wissen: „Hast du nach Eva dein Glück nicht bei jemand anders versucht?“

„Doch“, nickte Marcella. „Aber mit keiner Frau hat es gepasst. Meist verstanden sie es nicht, dass die Arbeit mein Leben ist. Die Letzte war zum Schluss so enttäuscht, dass sie mir eine Riesenszene machte. Sie warf mir an den Kopf, dass es nicht nur daran liegt. Vielmehr wäre ich innerlich noch an der Uni, weil es da eine gab, an der ich immer noch hing. Nora nannte mir sogar ihren Namen. Es war nicht Evas. Ich erkannte, dass sie recht hatte, und so habe ich aufgehört, Frauen zu daten.“

„Oh“, entgegnete Petra verdattert mit großen Augen. „Jemand, den ich kenne?“

„Sind dir nicht alle in unserem Semester über den Weg gelaufen?“, grinste Marcella. „Ich hätte gedacht, innerhalb von fünf Jahren trifft man sämtliche fünfundzwanzig Leute eines Kurses.”

„Ha, ha“, erwiderte Petra säuerlich.

Doch Marcella dachte nicht daran ihre Frage nach der ominösen Frau zu beantworten, sondern meinte: „Andererseits warst du so sehr beschäftigt, überhaupt die Klausuren zu bestehen, sodass dir da manches entgangen ist.“

Irritiert blickte Petra ihr Gegenüber an. Es klang sehr nach der alten Marcella. Diese herablassende Art, diese Überheblichkeit ... Petra fühlte sich ein Stück weit verärgert und enttäuscht. Sie beide hatten sich während des Spaziergangs so gut verstanden – was war plötzlich passiert?

„Hey, nicht aufregen“, feixte Marcella. „Ich habe dich veräppelt.“

Petra stupste sie spielerisch und seufzte erleichtert. Vielleicht war dieser schöne, entspannte Nachmittag der Beginn einer guten Freundschaft zwischen ihnen.

Es wurde langsam dunkel. Sie beobachteten den Sonnenuntergang, der gemeinsam mit der Schneelandschaft ein atemberaubendes Schauspiel bot. Doch auch der restliche Heimweg hatte seine Magie. Die Straßenbeleuchtungen tauchten die Straßen und Häuser in ein warmes Licht, sodass es Petra beinah romantisch zumute wurde. Sie blinzelte zu ihrer Begleitung und ein fast vergessenes Gefühl meldete sich, als sie das schöne Gesicht betrachtete.

✦

Kaum hatten sie sich die Mäntel bei ihrer Rückkehr abgestreift, knurrte Petras Magen laut.

Marcella drehte sich grinsend um. „Magst du, dass ich nun das Abendessen koche?“

Augenblicklich bekam Petra ein schlechtes Gewissen. Sie wollte der Studienkollegin auf keinen Fall Umstände bereiten. Immerhin war sie bereits unerwartet in deren Haus geplatzt. Entschieden antwortete sie: „Bloß nicht."

Marcella quittierte es mit einem leicht enttäuschten: „Oh!"

„So habe ich es nicht gemeint", sagte Petra hastig. „Ich meine natürlich, du sollst dir wegen mir keine Mühe machen. Ich bin nach wie vor ein nicht eingeladener Gast."

Sanft, aber bestimmt entgegnete Marcella: „Du magst zwar unerwartet hergekommen sein, doch du bist hier stets willkommen. Was das Abendessen angeht, ich werde es so oder so zubereiten. Davon abgesehen koche ich gerne, und es ist oft deprimierend für mich allein etwas zuzubereiten. Tu mir also bitte den Gefallen. Leiste mir Gesellschaft."

„Okay, das ist ein Argument", erwiderte Petra mit einem scheuen Lächeln.

„Super", rief Marcella. „Jetzt wird aber nicht mehr länger herumgeredet. Ich hab nämlich auch Hunger. Such im Keller den Wein aus."

„Wird gemacht."

✦

Ehrfürchtig starrte Petra die langen Regalreihen an, die allesamt mit Flaschen vollgestellt waren. Beim näheren Hinsehen erkannte sie, dass es sich um Wein und Essig aus sämtlichen Anbaugebieten Italiens handelte. Niemals in ihrem Leben hatte sie in einem Privathaushalt solche Mengen an Alkohol gesehen. Wie sollte sie da das Passende heraussuchen?

Nach ewigem Grübeln beschloss Petra so viel unterschiedliche Weine zu nehmen, wie sie tragen konnte, und stieg wieder die Kellertreppe hoch.

In der Küche drehte sich Marcella schmunzelnd nach ihr um: „Da hat aber jemand großen Durst."

„Na ja, ich wusste nicht, was du kochst und somit auch nicht, was am besten geeignet wäre", sagte Petra kleinlaut und stellte die Flaschen auf die Theke. „Wieso hast du eigentlich so viel davon unten?"

„Mein Vater war Weingroßhändler. Nachdem er und meine Mutter gestorben sind, habe ich das zusammen mit dem Haus hier geerbt. Gianni, mein Bruder, hat wiederum das Geschäft übernommen und sorgt für Nachschub, wenn er mich besucht", gab Marcella ihr Auskunft, während sie kleine Teigfladen mit einer Spinat-Ricotta-Paste füllte.

„Ah, verstehe." Petra betrachtete sie nachdenklich. Auch von diesem Schicksalsschlag erzählte die ehemalige Kommilitonin so ruhig wie von der gewiss schmerzlichen Trennung von Eva Theobald. Woher nahm sie bloß diese Gelassenheit?

Marcella verstand derweil ihre Irritation miss. Mit einem Zwinkern in den Augen meinte sie: „Du fragst dich bestimmt, wie das zusammenpasst. Erst Klosterinternat und dann den Keller voll Alkohol."

„In der Tat", nickte Petra nicht ganz aufrichtig. Sie lächelte. „Es ist durchaus ein Widerspruch. Andererseits bedingt vielleicht das eine das andere. Darüber hinaus war ja noch das Studium der Literaturwissenschaft dazwischen."

„Wie wahr, wie wahr", lachte die Freundin und gab Erbsen ins kochende Wasser.

„Kann ich dir irgendwie helfen?“, wollte Petra wissen, die sich nützlich machen wollte, wenn sie schon uneingeladen hier war.

„Du kannst die Kräuter klein schneiden.“

In geselligem Schweigen bereiteten sie das Menü fertig zu, was Petra als richtiggehend wohltuend empfand. Bei ihr zu Hause herrschte dank Leonie meist Trubel und Chaos, hier jedoch geordnetes und zügiges Schaffen.

Schnell waren sie mit der Zubereitung fertig und servierten im Esszimmer, das mit einem Tisch, Stühlen, einer Kommode und ein paar Bildern an den Wänden schlicht möbliert war.

Marcella und Petra prosteten sich mit Chardonnay zu.

„Auf einen schönen Abend.“

„Und ein unverhofftes Wiedersehen an Heiligabend“, ergänzte Marcella.

Als Vorspeise gab es Minestrone. Es war die beste Gemüsesuppe, die Petra jemals gegessen hatte. Genussvoll seufzte sie. „Du verwöhnst mich. Es schmeckt herrlich.“

Marcella errötete bei dem Kompliment, was Petra hinreißend fand. Scheu erwiderte sie: „Danke. Sieh es einfach als mein Weihnachtsgeschenk an.“ Für den Hauptgang hatte Marcella selbst gemachte Ravioli mit Pilzsauce, Kräutern und Tomaten gezaubert.

Nach ein paar Bissen schwärmte Petra: „In einem Drei-Sterne-Restaurant würden sie es auch nicht besser hinbekommen, so toll sind die Nudeln. Bei deinem Essen fühle ich mich wie eine Prinzessin.“

Süffisant erwiderte Marcella: „Die kannst du aber nicht sein. Immerhin bin ich die *Principessa*.“

Bei ihren Worten wurde Petra kalkweiß im Gesicht. Den sarkastischen Spitznamen hatte sie der Italienerin zu Beginn des Studiums gegeben und sie so genannt, wenn diese sogar in Hörweite gewesen war. Sie hatte sich so sehr von ihrer besserwisserischen, vornehmen Art provoziert gefühlt, dass sie es ihr auf alberne, verletzende Weise heimgezahlt hatte. Wie gerne hätte sie es zurückgenommen, besonders nach diesen schönen Stunden mit ihr.

„Hör zu, es tut mir leid ...“, fing Petra verschämt an, nicht wissend, wie sie sich dafür entschuldigen sollte.

Marcella beugte sich vor und legte den Zeigefinger auf ihre Lippen. „Lass gut sein. Es ist keine Entschuldigung nötig. Was vergangen ist, ist vergangen. *Ghetto-Kid* war ja auch nicht nett von mir. Einigen wir uns darauf, dass wir beide Dinge getan haben, über die wir nicht glücklich sind, und genießen weiter diesen Abend. Okay?“

„Einverstanden!“ Petra nickte und schluckte den Kloß in ihrem Hals hinunter.

„Sehr schön.“ Marcella lehnte sich zurück. „Apropos Studium, magst du dir nachher die alten Fotos von früher anschauen?“

„Sehr gerne“, strahlte Petra und entspannte sicher wieder. „Das ist genau perfekt für einen besinnlichen, nostalgischen Heiligabend.“

„Zunächst gibt es noch selbst gemachtes Vanilleeis mit heißen Himbeeren.“

Auch das Dessert war ein wahres Gedicht. Petra beharrte danach darauf, den Esstisch aufzuräumen und alles zurück in die Küche zu bringen. Während Marcella die Bilder heraussuchte, wusch sie Geschirr und Besteck ab. Leider wusste sie nicht, wo die ganzen Sachen hinsollten. So öffnete sie wahllos sämtliche Schränke und Schubladen, bis sie die richtigen Stellen fand. Als sie fertig war, drehte sie sich Richtung Flur, wo Marcella am Türrahmen lehnte und sie amüsiert anschaute.

Petra hob stolz ihre Augenbraue.

„Es hat so lange gedauert, da habe ich befürchtet, dich hier verloren zu haben“, meinte Marcella fröhlich.

„Na ja, ich tendiere, mich sogar in meiner eigenen Küche zu verlieren“, gestand Petra kleinlaut.

„Das erklärt so einiges“, erwiderte Marcella unbekümmert, bevor sie den Raum wieder verließ.

„Hey“, rief Petra, griff nach einer Weinflasche und folgte ihr.

Im Wohnzimmer lümmelte die Gastgeberin auf dem Sofa mit einem dicken Fotoalbum neben sich.

Ich wusste es!, brüstete sich Petra in Gedanken. Ihr Eindruck zu Beginn ihres Aufenthalts hatte sie nicht getrogen. Sie setzte sich ebenfalls bequem neben Marcella und schenkte ihnen ein neues Glas ein.

Kaum hatten sie die ersten Bilder betrachtet, plauderten sie über alte Zeiten und Kommilitonen. Fröhlich tauschten sie Klatsch aus. Es war, als wären sie schon damals ein Herz und eine Seele gewesen – was nicht der Wahrheit entsprach. Sie hatten bei jeder Gelegenheit debattiert, ganz gleich, ob es über Klamotten oder ein literaturwissenschaftliches Thema gegangen war. Wahrscheinlich hatte es auch daran gelegen, dass sie sich mit ihrer Art gegenseitig nervten. Hier die impulsive, schnoddrige Petra, da die vornehme, altkluge Marcella. Erbittertes Konkurrenzdenken, da sie Außenseiterinnen im Kurs gewesen waren. Petra stammte aus einer armen Familie und war nicht nur die Erste in der

Verwandtschaft gewesen, die studierte, sondern sogar überhaupt das Abitur gemacht hatte. Marcella hingegen war direkt von einem sizilianischen Nonneninternat gekommen und sprach damals mit starkem Akzent deutsch. Trotzdem waren sie die Besten ihres Jahrgangs und versuchten sich stets gegenseitig zu übertrumpfen.

Das alles kam Petra plötzlich unglaublich albern vor. Bedauernd dachte sie, welch gute Freundinnen sie hätten sein können. Sie war froh, eine zweite Chance zu erhalten. Beim Betrachten der Bilder fragte sie sich, wer diese Kommilitonin war, in die Marcella noch heute unsterblich verliebt war. Konnte es die rothaarige, stupsnasige Birgit sein? Sie war schließlich ebenfalls lesbisch, genau wie die etwas füllige Marion. Aber die war schon seit Jahren mit ihrer Iris zusammen. Grübelnd krauste Petra die Stirn.

Ihre Überlegungen traten in den Hintergrund, als Marcella die Hand auf ihren Rücken legte. Sie fühlte sich gut dort an, wie Petra sich eingestehen musste. Ihre Gastgeberin war sowieso eine attraktive Frau. Irgendwann zogen sich die Finger wieder zurück, was enttäuschend war. Doch als Marcella ihre Schulter mit dem Arm umschloss, überkam Petra klammheimliche Freude. Instinktiv lehnte sie sich in die halbe Umarmung zurück. Trotzdem wunderte sie sich, wie sehr Marcella auf einmal ihre Nähe suchte.

Petra schrieb beides dem Wein zu und genoss es. Es war nicht so, dass eine Menge Menschen sie überhaupt anfassten, so waren diese kleinen Körperberührungen von jemandem, den sie mochte, keine schlechte Sache.

„Damals habe ich es dir nicht gesagt. Aber ich habe dich stets für deine Leidenschaft bewundert, besonders was die Literatur betraf“, meinte Marcella lächelnd.

„Und ich dich für deinen klaren, logischen Verstand“, gestand Petra aufrichtig. Sie hielt einen Moment inne. Unerwartet fiel es ihr wie Schuppen von den Augen. „Mir ist nie aufgefallen, wie sehr ich es vermisse, mit dir zu debattieren. Manchmal war sogar Konstruktives dabei herausgekommen. Wie zum Beispiel bei unserer gemeinsamen Hausarbeit über Seghers.“

„Du hattest Richtigstellungen auch bitter nötig“, blinzelte Marcella keck.

„Hey!“ Petra wollte gerade etwas Spitzes erwidern, dann lachte sie auf, denn sie merkte, dass sie schon wieder veräppelt wurde. „Du bist seit dem Examen richtig frech geworden. Weißt du das?“

„Wie man in den Wald hineinruft, so schallt es heraus”, entgegnete Marcella heiter und schlug ihr leicht auf die Hand.

Petra stupste sie mit der Schulter, was die zu ihrer Freude erwiderte. Sie lachten, und Petra genoss den Körperkontakt immer stärker. Beinahe erschrak sie bei der Erkenntnis, dass sie sogar gegen weitere Berührungen nichts einzuwenden gehabt hätte.

Ihr Blick fiel auf die Armbanduhr. „Zweiundzwanzig Uhr! Wow, ist es schon so spät? Ich sollte langsam gehen.“

Marcella legte die Hand auf Petras Knie. „Du bist herzlich eingeladen, noch länger zu bleiben. Um ehrlich zu sein, würde ich mich darüber freuen.”

„Okay, solange ich keine Umstände mache“, lächelte Petra.

„Sehe ich gestresst aus?“, fragte ihr Gegenüber mit erhobener Augenbraue.

Petra kicherte und schüttelte den Kopf.

„Na, also“, nickte Marcella befriedigt. „Weißt du was? Wie wäre es, wenn ich den Kamin anmache? Das wäre doch gemütlich, oder?“

„Tolle Idee“, erwiderte Petra begeistert und reckte bestimmt das Kinn. „Dann musst du aber endlich die selbst gebackenen Lebkuchen von Leonie und mir probieren.“

„Klar, ohne die wäre es doch kein richtiger Heiligabend“, grinste Marcella.

Petra tigerte unruhig im Wohnzimmer umher, während Marcella im Keller war und Holz für den Kamin holte. Die feinen Berührungen eben hallten noch immer nach. Ihr Körper verlangte nach Wiederholung und Intensivierung. Auch ihr Herz stimmte mit ein, das so schnell schlug, als hätte sie eine Joggingrunde absolviert. Sie fühlte sich hin- und hergerissen. Ein Teil in ihr war drauf und dran, Marcella zu verführen. Die Sache, die Petra zögern ließ, war, dass sie Marcellas Empfindungen und Beweggründe nicht verstand.

Wenn sie bloß sicher hätte sein können, dass Marcella interessiert war, wäre sie nicht so nervös gewesen. Zudem hatte Petra geglaubt, die Zeit der Affären und One-Night-Stands waren seit Jahren Vergangenheit und sie hatte sich genügend ausgetobt.

Was war nur mit Marcella? Obwohl sie den Eindruck machte, lediglich in Beziehungen Sex zu haben, war sich Petra nicht sicher. Davon abgesehen, was würde danach geschehen? Immerhin hatte sie ein Kind.

Marcella platzte in ihre Gedankenkaskade. Sie schleppte einen Korb, der schwer beladen war.

Petra nahm ihn ihr ab. Gemeinsam schichteten sie das Holz zu einem Stapel im Kamin zusammen, und mit geübten Händen entzündete die Gastgeberin das Feuer. Es dauerte nicht lange, da breitete sich eine behagliche Wärme aus. Sie schalteten die Elektroleuchten aus, sodass der Raum nur noch durch das schummrige Licht der Flammen erhellt wurde.

Beklommen musste Petra schlucken. Das hier war verdammt romantisch. In ihrer Magengegend machte sich ein lang nicht gezeigtes Gefühl immer breiter, das sie lieber nicht analysieren wollte. Stattdessen hockte sie sich auf eins der Sitzkissen, die auf dem Fußboden drapiert waren, und starrte ins Feuer.

Marcella drehte den Kopf zu ihr. „Bis wann hast du noch Zeit, bevor du wieder nach Hause musst?“

„Die habe ich, bis Leonie am zweiten Weihnachtstag zurückkommt. So lange bleibe ich natürlich nicht. Keine Sorge. Nach unserer Kaminrunde werde ich mich auf den Heimweg machen.” Petra beschloss innerlich, dass es das Beste war, wenn sie die ehemalige Kommilitonin in Ruhe ließ und nicht versuchen würde, sie zu verführen. Marcella wollte sicherlich nichts mit einer alleinerziehenden Mutter anfangen.

„Erstens, ich genieße deine Gesellschaft.“ Marcella brach ab und wechselte abrupt das Thema: „Es wird durch den Kamin hier schnell heiß.“

Sie zog den Pullover aus, was Petra einen verführerischen Blick auf den lediglich mit einem engen und tief ausgeschnitten Top bekleideten Oberkörper bot. Hart seufzte sie und schaute zurück ins Gesicht ihrer Gastgeberin.

„Wo war ich stehen geblieben? Ah ja, eigentlich wollte ich sagen, dass du wohl über Nacht bleiben musst."

„Wieso?" Die Ankündigung versetzte Petra einen kleinen Schock.

„Du hast zu viel Alkohol getrunken, um noch zu fahren. Außerdem kommt am Heiligabend bei diesem Schnee kein Taxi mehr hoch zu uns ins Viertel. Hoffentlich macht dir das nichts aus." Marcella blickte bei den letzten Worten auf den Boden.

„Ausmachen?", fragte Petra ungläubig und fuhr dann mit einem Lächeln fort: „Natürlich tut es das nicht. Ich habe hier eine super Zeit mit dir. Es ist der beste ‚einsame' Heiligabend. Ich werde mir merken, zukünftig hierherzukommen, wenn ich mich allein fühle, solange dir meine Gesellschaft nichts ausmacht."

„Sie ist perfekt", flüsterte Marcella heiser und lehnte sich vor.

Es sah so aus, als würde sie Petra küssen wollen. Doch Marcella hangelte nach irgendetwas hinter ihr. Als sie sich zurückzog, hielt sie zwei Weingläser in den Händen, die sie Petra reichte. Dann streckte Marcella sich erneut und brachte eine Flasche Wein zum Vorschein. Grinsend schenkte sie die dunkle Flüssigkeit in die Gläser. Petra spürte, wie Marcellas Hand über ihre glitt, als sie nach dem Weinglas griff.

Sie prostete ihr zu. „Auf unser Wiedersehen."

„Auf uns." Petra stieß an, was ein zart klirrendes Geräusch verursachte.

Sie nippten an ihrem Getränk.

Marcella stellte ihr Glas ab und stellte das Päckchen Lebkuchen näher zu ihnen. Sie schob sich eine Leckerei in den Mund. Ihre Lippen verzogen sich genussvoll. „Ein großes Kompliment an die zwei Küchenfeen. Sie schmecken echt toll."

„Danke. Ich werde es Leonie ausrichten."

Stille bildete sich zwischen ihnen.

Die Gastgeberin lehnte sich entspannt nach hinten und warf den Kopf in den Nacken. Es wirkte sehr erotisch.

Als Petras Blick sich mit Marcellas verband, wurde sie noch nervöser. Es fiel ihr immer schwerer, standhaft zu bleiben und sich nicht Marcella zu nähern. Höchste Zeit also für ein Thema, das eine garantiert abtörnende Wirkung hatte.

„Kann ich dich etwas fragen?"

Marcella nickte.

„Ich hätte gern gewusst, wieso du nicht mehr auf der Suche nach einer Frau bist. Fühlst du dich nie einsam? Du könntest doch versuchen, jemanden zu finden."

„Wie ich dir erzählt habe, endete meine letzte Beziehung …", Marcella machte eine kleine Pause und atmete tief durch, „ziemlich heftig. Mir wurde dadurch klar, dass ich mich nicht vollkommen auf eine Frau einlassen kann, solange ich diese unerwiderte Liebe in mir trage."

„Warum hast du diese Frau nie darauf angesprochen?"

„Das habe ich nie bei meinen Partnerinnen gemacht. Ich wüsste nicht wie. Ich kann flirten, aber den ersten Schritt bei einer Beziehung zu gehen, finde ich fast unmöglich. Ich bin dafür zu unsicher. Bedauernswerterweise überwindet diese Erkenntnis nicht meine Angst, mich ihr zu nähern."

„Quatsch", winkte Petra ab. „Solltest du ihr nicht die Gelegenheit geben, für sich selbst zu entscheiden? Sie könnte dich ebenfalls wollen." Innerlich gratulierte sich Petra zu ihrem Entschluss, Marcella nicht verführen zu wollen. Die Freundin war zu sehr in diese mysteriöse Frau verschossen, dass sie ihr nur helfen konnte, ihre Schüchternheit zu überwinden.

„Wir haben seit dem Studium nichts mehr miteinander zu tun. Unsere Jobs und Leben brachten uns seitdem nicht mehr zueinander“, sagte Marcella.

„Das ist eine feige Ausrede! Geh zu ihr“, entgegnete Petra entschieden.

Marcella schüttelte den Kopf. „Was sollte ich sagen?“

„Lass mich überlegen“, antwortete Petra. Sie dachte für ein paar Momente nach, dann schaute sie auf. „Erzähl mir von ihr. Mag sie extrovertierte oder eher ruhige Leute? Hast du mitbekommen, ob sie überhaupt auf Frauen steht?“

„Ja, das tut sie. Ich glaube, sie bevorzugt extrovertierte Menschen. Sie ist selbst so“, sagte Marcella etwas traurig. „Ich stelle da leider das Gegenteil in dieser Beziehung dar.“

„Da bin ich anderer Meinung“, lachte Petra. „Während des Studiums bist du bei unseren Diskussionen öfters aus dir herausgegangen. Ziemlich heftig sogar.“

Marcella errötete.

„Ich mach’ nur Spaß“, meinte Petra mit weichem Lächeln. Sie war von der Verlegenheit der Freundin äußerst angetan, dennoch erinnerte sie sich, ihr helfen zu wollen, die Frau zu bekommen, die sie liebte, und nicht mit ihr zu flirten. „Geh einfach zu ihr, und wenn sie die Tür öffnet, sagst du, du wärst zufällig in der Gegend und hast dich gefragt, wie es ihr wohl geht, darum hast du beschlossen, sie aufzusuchen.“

Marcella betrachtete Petra aufmerksam.

„Finde zuerst heraus, ob sie gebunden ist“, fuhr Petra fort. „Ist sie es nicht, lade sie zum Essen ein. Behandle sie, wie du mich heute behandelt hast, und ich bin sicher, sie wird von dir verzaubert sein. Wenn ihr bei ihr daheim seid, offenbare dich ihr."

„Was soll ich sagen?"

„Hmm. Wie wäre es damit? Ich bin seit langer Zeit in dich verliebt und habe nie aufgehört, an dich zu denken. Meinst du, wir könnten uns vielleicht in Zukunft öfters sehen?", lächelte Petra und war sehr zufrieden mit ihrem Rat.

„Ah", antwortete Marcella, stellte das Päckchen Lebkuchen zwischen ihnen weg und rückte näher an ihre Studienfreundin heran. Sie legte die Hände auf Petras Knie und lehnte sich vor. „Ich möchte dir sagen, dass ich seit langer Zeit in dich verliebt bin und nie aufgehört habe, an dich zu denken. Meinst du, wir könnten uns vielleicht in Zukunft öfters sehen?"

Vollkommen perplex starrte Petra ihr Gegenüber an. Stimmte das wirklich? Oder sollte das womöglich ein Scherz sein? Nein, dafür blickten diese wunderschönen Augen sie zu ernst und liebevoll an. War sie tatsächlich die Frau, nach der Marcella sich seit Jahren verzehrte?

Marcella verkürzte indes die Distanz auf ein Minimum, sodass Petra ihre Haut spüren, ihren Atem hören und ihren süßen Duft riechen konnte. Sie wich nicht aus, sondern rückte instinktiv sogar näher.

Dann geschah es. Marcella küsste zärtlich ihre Lippen. Nur zwei, drei Momente später öffnete Petra als stillschweigende Zustimmung die ihren, und ihre Zungen trafen sich zu einem köstlichen Spiel.

Petras Arme umschlangen Marcellas Nacken. Sie zog sie an sich, seufzte entrückt auf und vertiefte den Kuss. Mit einem

Hochgefühl, das sie selbst überraschte, spürte sie, wie sich weiche Hände auf ihre Schultern legten.

Sie rangen nach Atem. Marcella schaute ihr tief in die Augen. „Soll das Ja heißen?“

Lächelnd kraulte Petra mit den Fingern der einen Hand Marcellas volles, schwarzes Haar. Sie zog die Freundin wieder an sich und seufzte: „Und ob es das tut.“

✦

Das Paar küsste sich mit wachsender Leidenschaft. Sie begannen, sich zu entkleiden. Petra gestand sich endlich ein, wie sehr sie schon an der Universität vom Körper dieser Frau fasziniert gewesen war. Doch damals hatte sie das Begehren jedes Mal aus ihrem Kopf verdrängt, wann immer es aufkam.

Sie liebkoste Marcellas volle Unterlippe und biss zart hinein, dann strich sie mit ihrer Zunge darüber. Ihr Mund ging auf Wanderschaft. Sie küsste und leckte über den Hals der Geliebten hinunter. Petra seufzte, als sie die weiche Haut zwischen ihre Zähne nahm. Ein tiefes Stöhnen drang aus Marcellas Kehle, ihre Hände griffen mit köstlichem Druck nach dem unteren Rücken. Petra schlang ihre Beine um Marcellas Taille und schmiegte sich eng an sie. Als ihr hypersensibler Schoß sich gegen den der Freundin rieb, stöhnte sie auf und blickte in verhangene, dunkelbraune Augen, in denen die gleiche Erregung lag. „Wie wäre es mit einem Ortswechsel?“

„Gute Idee, heiß sind wir ja inzwischen.“

Sie standen auf und verließen das Wohnzimmer. Petras mühsam zurückgehaltene Lust überwältigte sie. Sie zog Marcella fest an sich und küsste sie mit einer solchen Leidenschaft, dass die beim Gehen strauchelte.

Marcella fing sich jedoch rasch. Sie marschierte zur Wand und stieß Petra dagegen, wo sie in einem verlangenden, tiefen Kuss versanken.

Petra kostete das Gefühl der Begegnung ihrer Brüste voll aus. Marcella drängte sie indes von der Mauer wieder weg und strebte zur Tür in den Flur, der zum Schlafzimmer führte. Petra schauderte ein wenig, als die kühlere Luft sie dort traf. Aber sie vergaß es, als Marcella ihren Hintern knetete.

Endlich erreichten sie ihr Ziel. Sie taumelten aufs Bett. Als ihre Lippen sich trennten, legte Petra ihre Handflächen auf Marcellas Schultern und schaute in deren Augen. Bevor die Lust ihren Verstand endgültig besiegte, wollte sie noch eine Sache wissen. Weich fragte sie: „Hast du das eben ernst gemeint?“

„Jedes Wort“, hauchte Marcella. „Ich liebe dich. Ich will dich öfters sehen und noch mehr von dir erfahren.“

Petra lächelte überwältigt und gab ihr einen zärtlichen Kuss. „Ich weiß nicht, was ich für dich empfinde. Ich habe keine acht Jahre darüber nachgedacht so wie du, aber ...“

„Aber?“

„Ich weiß, wie leicht es wäre. Ich fühle es seit den letzten Stunden.“ Petra zog sie an sich und umarmte sie fest. „Verliebt bin ich schon mal.“

Marcella küsste sie zur Antwort innig, und ihre Hände erkundeten Petras Körper. Ihre Lippen tänzelten über den Hals hinunter zum Dekolleté.

Verlangend streckte Petra ihren Oberkörper der Geliebten entgegen. Deren Finger strichen über den Rücken, die Zunge erreichte ihre Brüste. Marcella leckte erst die linke, dann die rechte Knospe.

Petra drängte sich ihr weiter entgegen. Nie hatte sie eine derartige sinnliche Freude empfunden.

Marcella ließ ihren Mund wieder über Petras Dekolleté und Hals wandern. Ihre Finger kneteten die kecken Brüste, zwirbelten gelegentlich die harten Knospen zwischen ihren Fingern. Dann küsste sie Petra erneut. Sie dominierte über Petras Mund, bis die atemlos den Kopf nach hinten warf. Sofort liebkoste sie den Hals nach unten zum Bauch, wobei ihre Hände weiter den Körper ausgiebig erforschten. Als Marcella den Nabel erreichte, verwöhnte sie ihn mit Lippen und Zunge.

Petra strich völlig entrückt über Marcellas Rücken und spreizte die Beine. Sie konnte sich nicht erinnern, dermaßen beim Sex von einem anderen Menschen überwältigt worden zu sein. Sie spürte, wie Marcellas Hände ihre Waden massierten und ihre Beine hinaufstrichen. Die stoppte kurz vor ihrer Mitte und streichelte aufreizend die Innenschenkel.

Petra hob stöhnend ihren Unterleib. Die Freundin brachte ihre Finger zu ihrem Schoß. Langsam wanderte sie hinab. Die andere Hand fuhr weiter über ihren Leib, schob sich zwischen die warmen, feuchten Lippen und teilte sie mit streichendem sanftem Druck.

Petra keuchte vor Ekstase laut. Als Marcella ihre Finger auf die pochende Klitoris legte und ihr köstliche, sinnliche Aufmerksamkeit schenkte, krallte sie ihre Hände in Marcellas Rücken – so sehr stand sie in Flammen.

Die Finger wanderten von der Klitoris fort, glitten langsam in Petra, die durch den Druck tief in ihr erregt aufstöhnte. Marcella begann einen sanften, aber beständigen Rhythmus, den Petra mit jedem Stoß durch ihre Hüften beantwortete. Die Geliebte beschleunigte den Takt. Der Daumen rieb auf der Perle.

Petra stand kurz vor dem Höhepunkt. Marcella schmiegte sich längs an sie und küsste sie gierig. Als sie fester und schneller in Petra stieß, wanderte ihr Mund zu ihrer Halsbeuge hinunter.

„Komm für mich", keuchte Marcella, dann biss sie hart in die weiche Haut.

Das war das Fanal. Schreiend warf Petra den Kopf zurück. Sie hatte vorher nicht gewusst, dass sie zu einem solchen mächtigen Orgasmus fähig war, er überhaupt existierte. Doch als jetzt die Empfindungen durch sie rasten, brannte jeder Nerv und jede Zelle in ihr lichterloh. Zitternd klammerte sie sich an die Freundin. Es war eine totale Explosion ihrer Sinne, bis sie schließlich erschöpft in die Laken fiel.

Marcella schlang ihren freien Arm und ihre Beine um Petra und rollte sich in eine Position, sodass Petra auf ihr lag. Die andere Hand ließ sie in ihr.

Petras Schenkel glitten über Marcellas Schoß. Sie begann sich langsam an ihr zu reiben. Sie liebkoste Marcellas Geschlecht, drängte sich unterbewusst mit dem ihren an die Finger der Geliebten.

„Oh Liebling", gurrte Petra, als der sinnliche Taumel sie erneut erfasste. Sie sah Marcellas Kopf aufs Bett zurückfallen, die Augen mit einem hungrigen Blick auf sie gerichtet. Petra stöhnte auf. Gierig küsste sie Marcella und strich mit ihrer Hand über deren Hügel. Als sie über die weichen Lippen wanderte, antwortete Marcellas Körper bebend auf die Berührung. Petra konnte deutlich fühlen, wie nah sich die Kommilitonin dem Gipfel befand. Diese bewegte indes die Finger nur leicht in ihr, was genügte, die Ekstase neu anwachsen zu lassen.

Petra drang fest ein, wodurch Marcella keuchte und ihre inneren Muskeln sich erregt zusammenzogen. Sie glitt langsam heraus und stieß dann schnell wieder hinein, fand einen Takt, der Marcella sichtlich geiler machte. Ihr Körper verhielt sich bebend spiegelgleich zu Petras Bewegungen, und ihre Hand folgte dem drängenden Rhythmus, den sie angab.

Sie küssten sich hart und voller Begierde, bis die Wellen der Lust sie mitrissen und sie schließlich gemeinsam in einem alles andere überlagernden Höhepunkt kamen.

Die Stunden vergingen im Liebesrausch. Die ganze Nacht verbrachten sie damit, ihre Leidenschaft füreinander zu erforschen. Erst am Morgen, als es heller wurde, lagen sie still beieinander. Petra schmiegte sich an Marcella, als ob sie ihr Kissen wäre. Marcella hielt sie sanft.

„Wie geht es nun mit uns weiter? Ich meine, ich habe ein Kind aufzuziehen“, sagte Petra und vergrub ihr Gesicht an Marcellas Hals. Sie war zu ängstlich, um ihr in die Augen zu schauen.

Marcella kuschelte sich enger an sie und küsste ihre Stirn. „Nun, weißt du noch, wie es war, als wir studierten? Manche Leute warfen diesen verwirrten Blick auf uns. So viele von denen meinten, was wir vorhätten, wäre praktisch unmöglich. Die eine kam aus ärmlichen Verhältnissen und die andere war eine frischgebackene Emigrantin.“

Grinsend nickte Petra. „Das stimmt, so war’s. Aber auf was willst du hinaus?“

„Erinnerst du dich auch, wie oft Eva sagte, wenn wir uns wieder furchtbar an der Gurgel hatten: *Reißen Sie sich gefälligst am Riemen, meine Damen, ich will Sie bestmöglich als Geisteswissenschaftlerinnen ausbilden. Nach dem Examen können Sie sich meinetwegen gegenseitig killen, wenn es Sie danach beliebt!*“, imitierte Marcella ihre frühere Professorin.

Lachend drückte Petra sie. „Natürlich erinnere ich mich, doch sind diese Streitereien kein Argument, weshalb wir als Paar nicht harmonieren würden?“

„Im Gegenteil …“

„Sondern?“

„Offensichtlich waren die Zankereien Ausdruck von sexueller Frustration“, erklärte Marcella. „Und natürlich von unterdrückter Zuneigung. Wir waren außerdem zu sehr damit beschäftigt, den anderen zu beweisen, das Unwahrscheinliche zu schaffen, und haben uns gegenseitig angestachelt. Mit Erfolg. Du wurdest eine renommierte Übersetzerin und ich Kinderbuchautorin und Lektorin.“

„Da ist etwas dran.“ Petra zog Marcella lächelnd für einen weiteren Kuss zu sich. „Wenn wir es also so auffassen ...“

„Wie es ja auch ist“, sagte Marcella bestimmt und nahm feierlich Petras Hand. „Denn solange ich bei dir bin, werde ich gewillt sein, all die unwahrscheinlichen Dinge wahr werden zu lassen, die du brauchst oder dir wünschst.“

Petras Augen wurden weiter, als sie realisierte, was die Worte bedeuteten – sie waren das Versprechen für eine gemeinsame Zukunft. Sie brauchte nicht lange in sich hineinhorchen, um zu wissen, dass sie genau das Gleiche wollte. Trotzdem gab es noch etwas, was bedacht werden musste. Es gab sie nur im Doppelpack mit Leonie.

Ein letzter Restzweifel blieb also. Leise fragte sie: „Okay, aber bist du dir wirklich sicher, dass du für eine beängstigend brillante und sehr ungestüme Siebenjährige bereit bist?"

„Die korrekte Frage lautet eher: Bist du bereit für eine beängstigend brillante Siebenjährige, die auf einmal Zugang zu einer Unmenge von Kinderbüchern, einem großen Garten und italienischer Küche haben wird?", erwiderte Marcella mit einem Augenzwinkern.

„Oje, das klingt nach einem richtigen Abenteuer!", stöhnte Petra in gespieltem Entsetzen. Dann küsste sie Marcella auf die Nase. „Doch dem stelle ich mich gerne, schließlich werde ich es mit dir an meiner Seite bestreiten."

Marcella lachte. „Ein Glück, dass du dich allein gefühlt und beschlossen hast, mich zu besuchen."

„Ja, das war es. Von nun an wird nämlich jedes Weihnachten kein einsames Fest mehr sein. Und wenn Jochen unsere Tochter während der Feiertage zu sich nimmt, wird es genauso sinnlich und romantisch wie dieses Jahr.

„Ich werde mir das merken." Mit einem glücklichen, warmen Lächeln zog Marcella sie an sich. „Ich liebe dich, Petra Brandner."

„Ich glaube, ich liebe dich auch, Marcella Pozzi. Vielleicht habe ich das sogar insgeheim immer", antwortete sie und gab der Frau ihres Herzens einen zärtlichen Kuss.

Mit Glatteis ist zu rechnen

Die dunkle, ruhige Frauenstimme erfüllte das Zimmer. Nichts anderes drang an Tanjas Ohr. Kein Ticken einer Uhr, kein vorbeifahrendes Auto, kein Nichts. Nur diese Stimme, deren weicher Klang über die Gehörgänge direkt in die Magengegend ging und von dort aus den gesamten Körper wärmte.

Tanja hätte ihr stundenlang lauschen können. Ganz gleich, was sie ihr erzählte. So achtete sie auf den Inhalt der Worte nicht.

Was gab es schon Aufregendes am 24. Dezember in den Nachrichten zu berichten? Die alljährlichen Ansprachen der sogenannten politischen und kirchlichen Würdenträger und die Zufriedenheit des Einzelhandels mit dem Weihnachtsumsatz interessierten Tanja nicht die Bohne.

Nein, von Belang war nur der erotische Klang des Gesprochenen, die die gesichtslose Radiosprecherin Marina Savigny über den Äther schickte.

Es wäre ein Leichtes gewesen, im Internet das Aussehen der Frau zu recherchieren, aber Tanja widerstand der Neugier. Die Enttäuschung wäre vorprogrammiert. Lieber wollte sie sich in ihrer Fantasie das Antlitz der Hörfunk-Mitarbeiterin ausmalen. Eine rassige Südländerin mit bronzefarbener Haut und glutvollen Augen. Kurven an den richtigen Stellen und volle Lippen, die zum

Küssen einluden. Eine Erscheinung, die perfekt für Tagträume war, die half, den grauen Alltag zu vergessen und sich sinnliche Erleichterung zu verschaffen.

Unwillkürlich grinste Tanja beim letzten Gedanken. Mehr als einmal hatte sie das getan, wenn sie wie jetzt auf dem Sofa lag und Radio hörte. Leider ging das heute nicht. Andrea war ebenfalls in der gemeinsamen Wohnung, und es galt, das übliche Heiligabend-Programm abzuspulen.

Als ob das noch nicht genügte, um Tanja aus dem trägen Genuss zu reißen, dröhnte der Werbe-Jingle des Senders aus der Stereoanlage und riss sie endgültig in die Wirklichkeit zurück.

Es war Zeit für den Wetterbericht.

Tanja zwang sich, den Sinn von Marina Savignys sexy hingehauchter Rede zu erfassen: „... Auf weiße Weihnachten haben wir uns leider umsonst gefreut, da der meteorologische Dienst für den heutigen Tag Temperaturen um den Gefrierpunkt meldet. Verkehrsteilnehmer sind zu erhöhter Wachsamkeit aufgefordert, denn ab Nachmittag bringt der Nordostwind Niederschläge in Form von Eisregen mit sich. Fahren Sie also vorsichtig. Mit Glatteis ist zu rechnen."

Ein erneuter Radio-Trailer wurde eingespielt und dann erklang Bing Crosbys Klassiker „White Christmas".

Es kam Tanja wie der blanke Hohn vor.

„Das wird ja so richtig entspannend", grummelte sie sarkastisch und dachte mit Grauen daran, was sie heute erwartete. Erst eine ewige Autobahnfahrt, die durch die schlechte Witterung länger und riskanter wurde, und dann in stocksteifer Atmosphäre den Rest des Tages mit Andreas zugeknöpfter, distinguierter Verwandtschaft verbringen – bei edel gedeckter Tafel, einfarbig geschmückter Nordmann-Tanne, neunmalklugen Kindern und dem kompletten Weihnachtsoratorium von Johann Sebastian Bach.

Missmutig nippte Tanja an ihrem Kaffee. Wenn sie sich bloß durchsetzen hätte können, dann wären sie zur Abwechslung wie ihre eigenen Eltern in Kurzurlaub gereist. Eine Woche Allgäu war auf jeden Fall erholsamer und vor allem vergnüglicher als zwei Tage mit Familie Simon.

Kaum begann Bing Crosby den Refrain zu schmachten, erschien Andrea im Zimmer. Mit raumgreifenden Schritten marschierte sie zu Tanja ans Sofa. Ihre akkurat geschnittene, dunkelblonde Bob-Frisur wippte mit jedem Wort, das sie zischte. „Du fläzt ja immer noch herum. In einer Stunde wollen wir fahren. Hast du überhaupt schon deinen Koffer gepackt? Ich habe keine Lust wegen dir in Hektik zu geraten."

Bedächtig schaute Tanja zu der Frau auf, mit der sie seit fünf Jahren verpartnert war und mit der sie den Rest ihres Lebens zu verbringen gedachte. Beides kam ihr nicht zum ersten Mal unwirklich vor. Sie nickte pflichtschuldig. „Bin fertig. Ich müsste nur noch Schuhe und Jacke anziehen, dann könnte es von meiner Seite aus losgehen."

„Das ist gut", kam es nun weicher zurück.

„Es gibt lediglich ein Problem. Im Radio haben sie eben gesagt, dass es Glatteis geben soll. Vielleicht sollten wir besser die Bahn nehmen."

„Quatsch, das ist die übliche Panikmache der Medien. Auf meinem Wagen sind Winterreifen drauf, damit sind wir genügend geschützt."

Andrea sprach mit arroganter Bestimmtheit, die Tanja bereits zu oft gehört hatte, um sich noch darüber zu ärgern. Dieses Mal wurmte sie vielmehr die Leichtsinnigkeit ihrer Frau. „Wir mögen vielleicht gewappnet sein, aber was ist mit den anderen Autofahrern? Der Zug bringt uns sicher zu deinen Eltern. Wenn wir uns beeilen, sind wir in einer Viertelstunde am Bahnhof."

„Denkst du, ich habe Lust mich in ein überfülltes Abteil zu quetschen? Eine Sitzplatz-Reservierung kriegen wir nicht mehr. Nein, wir fahren wie gehabt mit dem Auto", schmetterte Andrea kategorisch den Vorschlag ab.

„Wenn du meinst."

„Mein ich." Die groß gewachsene Blondine nickte hoheitsvoll. „So, ich packe jetzt weiter."

„Tu das."

Tanja blickte ihr nach, wie sie das Zimmer verließ. Sie fühlte sich seltsam erleichtert, als sie wieder allein war.

Inzwischen hatte Bing Crosby sein „White Christmas" zu Ende gesungen, und die laszive Stimme der Radiosprecherin klang erneut über die Lautsprecher.

Lächelnd schmiegte sich Tanja ein Kissen vor die Brust. „Ach, Marina. Kann Andrea nicht einfach ohne mich verduften? Am liebsten würde ich nämlich mit dir den Heiligabend verbringen."

Sie schloss die Augen und träumte sich in die Arme der rassigen Fantasiegestalt, dort wo es Geborgenheit und Sinnlichkeit gab und keinen Stress und Verdruss.

Zweihundert Kilometer war das Paar nun bereits von ihrer geräumigen Eigentumsaltbauwohnung Brauer/Simon entfernt. Tanja erschien es eher wie Lichtjahre. Sie saß auf dem Beifahrersitz des silbernen Obere-Mittelklasse-Wagens, den Andrea routiniert über die Autobahn heizte. Im Radio liefen nicht Marina Savigny und Kuschelmusik, sondern Lady Gaga und ein hibbeliger Radiomoderator, der auf Ecstasy schien. Anstatt gemütlich auf der Couch herumzulümmeln, hockte sie auf einem hart gefederten Ledersitz, und ihre Nasenschleimhäute kämpften mit der trockenen Klimaanlagenluft. Aber das Schlimmste war: Tanja wusste nicht, was sie mit ihrer Frau reden sollte. Sämtliche Punkte auf der Checkliste waren als erledigt abgehakt worden. Keine Vorhaben mussten in die Tat umgesetzt werden – alles war für Weihnachten geregelt. Das Einzige, das sie noch zu tun hatten, war zum Anwesen des Richters a. D. Richard Simon zu reisen.

Tanja schaute aus dem Fenster. Karge Felder rasten monoton an ihr vorbei. Die wenigen Abwechslungen, die sich ihren Augen boten, waren laublose Baumskelette und Verkehrsschilder, die unbarmherzig darauf hinwiesen, dass es noch rund vier Stunden bis zum Ziel waren.

Seufzend fuhr sich Tanja mit beiden Händen durch die dunklen Locken. Sie drehte sich zu Andrea und fragte, nur um etwas zu sagen: „Was wollen wir nach Weihnachten machen? Wir haben bis Neujahr gemeinsam frei und außer für Silvester noch keine Pläne.“

„Schlag was vor.“

„Weiß nicht. Irgendetwas, wozu wir sonst keine Gelegenheit haben.“

Andrea blickte kurz mit einem Lächeln zu ihr. „Wir könnten schön lange in einen Wellness-Tempel gehen. So mit Sauna, Massage und allem Drum und Dran."

„Na ja." Tanja dachte mit Schrecken an die Paare, die sich am Heiligabend eben dies schenkten und dann in Heerscharen zwischen den Jahren zu den Badeoasen zogen. „Da ist doch in den Ferien das totale Gedränge. Lass uns das auf später verschieben."

„Okay, treffen wir uns wie an jedem vierten Dienstag eines Monats mit Judith und Sandra im Kino. Ansonsten können wir auch auf dem Sofa fläzen, fernsehen, lesen oder dem Radio lauschen."

Lag in den letzten Worten eine gewisse Süffisanz? Falls ja, beschloss Tanja sie geflissentlich zu überhören. Sie zupfte an ihrem Gurt. „Tun wir das. Ist doch ganz schön, den Urlaub mit süßem Nichtstun zu verbringen."

Andrea hielt den Blick wieder starr auf die Fahrbahn gerichtet. „Genau, weshalb krampfhaft in Aktionismus verfallen, wenn man in bewährter Weise chillen kann."

Diesmal war die Ironie nicht zu ignorieren. Beleidigt schwieg Tanja, obwohl sie gerade vorschlagen wollte, gemeinsam nach den Feiertagen in den nahen Waldpark zu spazieren.

Sie fühlte sich zugleich bestätigt. Denn Andrea sprach weiter: „Ich muss sowieso noch in die Agentur. Am 4. Januar steht der Neujahrsempfang der Bäcker- und Konditoren-Innung an. Da gibt's vorab einiges zu organisieren."

Jetzt war es Tanja, die zynisch reagierte. „Du hast recht. Wäre schade, wenn das erste Event im neuen Jahr direkt hektisch und ineffizient laufen würde."

„Meine Rede. Es wird schließlich eine Großveranstaltung. Sogar der Staatssekretär vom Wirtschaftsministerium kommt“, pflichtete Andrea ihr bei und war sofort in ihrem Element. „Auch das Fernsehen bringt eine Reportage darüber …“

In epischer Länge erzählte sie von dem berufsständischen Treffen. Tanja stellte die Ohren auf Durchzug, während sie ihre Frau nachdenklich betrachtete. Ein Teil ihres Ichs dachte mit beklemmender Bestürzung, dass sie mit ihr den Rest ihrer Tage verbringen sollte.

Wie anders war es damals gewesen. Damals, als sie sich kennengelernt und sich ineinander verliebt hatten. Damals, als Tanja noch nicht das ein oder andere Kilo zu viel auf den Hüften gehabt und Andrea diese niedliche, punkige Frisur getragen hatte, bei der ihr stets die Haare ins Gesicht gefallen waren. Damals, als sie nie genug voneinander bekommen hatten. Auch im Bett nicht.

Alles längst vorbei. Von Romantik und Leidenschaft war nicht mehr viel übrig geblieben. Tanja musste gar überlegen, wann sie das letzte Mal überhaupt miteinander geschlafen hatten. Zwischen ihnen war Sprachlosigkeit und Alltagstrott eingezogen. Sie wurde immer mehr von lähmender Melancholie geplagt, während Andrea zum Workaholic mutierte.

„… Für mich ist das eindeutig“, meinte die jetzt.

Tanja wusste zwar nicht, was so eindeutig war, beeilte sich aber zustimmend zu nicken.

Es war die falsche Wahl, denn empört blitzten Andreas blaue Augen kurz zu ihr. „Du hörst mir gar nicht zu! Bist wohl wieder am Träumen.“

Tanjas Unaufmerksamkeit hatte für eine frostigere Atmosphäre gesorgt, als es draußen das Winterwetter gekonnt hätte. Wortkarg hielten sie an einer Raststätte an, gingen auf die Toilette, rauchten eine und fuhren danach weiter.

Nun saß Tanja hinter dem Steuer. Fast das Erste, was sie tat, war, den Radiosender zu wechseln. Statt Hitparaden-Jaulen lief jetzt ihr geliebter Kuschelrock. Sie hätte es genossen, wenn nicht der vorhergesagte Niederschlag eingesetzt hätte.

„Hoffentlich kommen wir rechtzeitig durch, bevor sich Glatteis auf der Autobahn bildet“, meinte sie und betätigte den Scheibenwischer.

Andrea erwiderte nichts darauf. Stumm schaute sie aus dem Fenster, die Lippen zu einem mürrischen Schmollen verzogen.

Es gab eine Zeit, in der Tanja davon betört gewesen war, mittlerweile strengte es sie nur noch an. Beinahe sehnte sie sich die Ankunft bei der Familie ihrer Frau herbei. Hauptsache sie musste nicht mehr allein mit Andrea sein.

Der Groll wich jedoch mit jedem Kilometer der Besorgnis. Der Regen wurde heftiger, und auf der Straße bildete sich ein Schmierfilm.

Andrea tat so, als würde sie das nichts angehen. Seelenruhig tippte sie auf ihrem Smartphone herum.

„Muss das ausgerechnet jetzt sein?“, fragte Tanja genervt.

„Unsere Agentur hat morgen ein Weihnachtskonzert. Ich muss da auf dem Laufenden sein“, erwiderte Andrea patzig. „Es hat halt nicht jeder so einen geregelten 8-to-5-Job wie du.“

„Entschuldige vielmals, dass ich Finanzbeamtin bin.“

„Reagiert da mal wieder eine zickig?“

„Wie soll ich geschmeidig bleiben, wenn du dich wie Gräfin Rotz benimmst?"

Andrea rollte mit den Augen. „Und du wie ein verhuschtes Seelchen."

„Das dich zu deinen Eltern kutschiert, obwohl sie keine Lust drauf hat und zumindest bei dem Scheißwetter lieber den Zug als das Auto genommen hätte", fauchte Tanja in verletzter Wut. „Es geht ständig alles nach deiner Nase."

„Wobei du im Gegensatz ..."

Weiter kam Andrea nicht, denn plötzlich geriet das Auto ins Schleudern. Die Leitplanke kam gefährlich näher.

Sie schrien auf. Instinktiv riss Tanja das Steuer nach links herum. In letzter Sekunde schoss das Fahrzeug knapp am Metall vorbei. Mit klopfenden Herzen lenkte sie das Auto zurück auf die Straße.

„Hättest du jetzt die Güte, mich in Ruhe zu lassen und dich auf den Verkehr zu konzentrieren? Immerhin willst du ja auch heil ankommen", blaffte Andrea sie an.

Tanja konnte nichts darauf entgegnen. Tränen bildeten sich in ihren Augen, während sie den Wagen weiter vorwärtsbewegte.

Inzwischen wurde die Straße immer glatter. Sie musste höllisch aufpassen, dass es nicht doch noch zu einem Unfall kam. Trotzdem machte sich ein Teil ihres Kopfes selbstständig. Sie dachte daran, wie das Leben wäre, wenn sie es nicht mit ihrer Frau verbringen würde. Keine Reisen zur überheblichen Verwandtschaft, keine manische Betriebsamkeit und keine Nörgeleien mehr. Es würde die Trennung nach neun langen Jahren bedeuten. Zu ihrem Erstaunen merkte Tanja, dass es ihr nichts ausmachen würde.

Indes maulte Andrea: „Dieser Eisregen kotzt mich an. Bestimmt kommen wir deswegen viel später als geplant an. Verdammt!"

Wie um ihre Worte zu bekräftigen, wurde das Lied im Radio unterbrochen, und der Sprecher meldete mit ernster Stimme: „Zum heutigen Heiligabend gibt es eine amtliche Unwetterwarnung. Heftige Regenfälle und anhaltender Bodenfrost haben zu flächendeckendem Glatteis auf den Straßen in der Region geführt. Durch die Weihnachtsfeiertage ist nur eingeschränkter Streudienst verfügbar. Die Bevölkerung wird daher aufgefordert, auf die Benutzung von Privatfahrzeugen zu verzichten. Wir geben Bescheid, wenn die Gefahr vorüber ist."

Tanja schluckte. Das klang wirklich brenzlig, und sie hatten noch dreihundert Kilometer vor sich. Ihr fiel auch zudem jetzt erst auf, dass außer ihnen kaum andere Verkehrsteilnehmer unterwegs waren. Den letzten hatte sie vor einigen Minuten auf der Gegenfahrbahn gesehen.

Andrea hingegen lachte auf. „Wie die sich anstellen. Wir kommen prima durch."

„Klar." Mehr sagte Tanja nicht. Aus den Augenwinkeln sah sie ein blaues Schild, das in achthundert Metern die nächste Raststätte auswies. Das Bett-Symbol darunter war ein zusätzliches Argument ihren in Sekundenschnelle gereiften Entschluss zu untermauern. Sie setzte den Blinker und nahm die Ausfahrt.

„Was soll das jetzt?", kroch es verblüfft aus Andreas Kehle.

„Fürs Erste ist hier Endstation", erwiderte Tanja lächelnd, während sie den Wagen ausrollen ließ und auf den Parkplatz zusteuerte. „Ich mache keinen einzigen Meter mehr. Schließlich bin ich nicht lebensmüde."

„Du übertreibst maßlos. Aber das passt zu dir."

„Was immer du meinst.“ Tanja stoppte das Auto und zog die Handbremse.

„Sollen wir etwa abwarten, bis das Wetter besser wird, oder was?“, keifte Andrea.

Tanja schaltete den Motor ab, dann wandte sie sich ihrer Frau zu und spürte eine grenzenlose Erleichterung, als sie sanft erwiderte: „Du kannst gerne alleine weiterfahren. Ich jedenfalls bleibe hier.“

Auf dem Parkplatz der Raststätte befanden sich außer dem ihren lediglich noch vier andere Fahrzeuge. Wo sonst die großen Lkw standen, herrschte gähnende Leere. Immerhin zeigten die beleuchteten Schilder, dass der Autobahnbetrieb geöffnet war.

Tanja stieg aus.

„Was ist jetzt mit dir?“, fragte sie Andrea.

Die starrte sie entgeistert mit weit aufgerissenen Augen an. „Das kann nicht dein Ernst sein.“

„Überzeug dich selbst.“ Tanja schlug die Fahrertür zu und ging ums Auto zum Kofferraum, wo sie ihr Gepäck herauswuchtete. Erst als sie den Deckel schloss, erwachte Andrea wieder zum Leben. Sie stürzte aus dem Wagen.

„Wenn du denkst …“ Weiter kam die Blondine nicht. Sie schrie auf und landete eine Sekunde später auf ihrem Hintern. „Scheiße, können die hier nicht streuen?“

Tanja hob grinsend ihre Augenbrauen.

„Ja, ja, du hast es gewusst. Brauchst nichts zu sagen“, knurrte Andrea und rappelte sich stöhnend auf. „Okay, wir bleiben hier.“

Nachdem sie ihren Trolley geholt hatte, machten sie sich auf den Weg zu dem Motel, das aus zwei lang gestreckten, miteinander verbundenen orangefarbenen Flachbauten bestand.

In dem einen befanden sich Tankstelle und Imbiss, in dem zweiten waren die Gästezimmer untergebracht.

Es gab nichts, was Tanja hoffen ließ, dass die Pension etwas anderes als eine billige Absteige war.

Die Rezeption verhieß ebenfalls nichts Gutes. Der Holztresen hatte dicke Schrammen, an der Wand hing ein altes Poster von Bayern München und auf dem Boden stand eine vertrocknete Yucca-Palme.

Andrea schnaubte verächtlich. Bevor sie mit ihrer Tirade beginnen konnte, drückte Tanja den Klingelknopf.

Zugleich rief eine weibliche Stimme in einem nicht gerade professionellen, aber nichtsdestotrotz geflissentlichen Ton: „Bin sofort da, muss eben schnell meinen Hund füttern."

„Wo hast du uns bloß hingebracht?", flüsterte Andrea und verdrehte die Augen.

„Es sollte eher heißen, wo hat uns das Glatteis hingeführt", erwiderte Tanja unwirsch, aber kaum hatte sie es ausgesprochen, lächelte sie unwillkürlich.

Die Motel-Angestellte erschien. Sie hatte sich nachlässig den grün-orangen Kittel der Betreibergesellschaft übergestreift, sodass man einen ausgezeichneten Blick auf ihren figurbetonten dunklen Pullover und die engen Jeans werfen konnte. Die drahtige Frau fuhr sich über die schwarzen, kurz geschnittenen Haare und grinste sie an, was etwas Verwegenes an sich hatte. Nein, eigentlich grinste sie lediglich Tanja an, deren Herz sofort ein paar Takte höherschlug. Sie sah auf das Namensschild, das an der linken Brust ihres Gegenübers angeheftet war, und hätte zu gern gewusst, wofür das A bei „A. Winkler" stand.

„Hi. Wohl vom Mistwetter überrascht worden, gell?"

„Hallo. Ja, leider. Eine Weiterfahrt ist unmöglich. Wer weiß, wann der Streudienst kommt."

„Deshalb benötigen wir auch für eine Übernachtung ein Doppelzimmer. Was können Sie uns da anbieten?", mischte sich Andrea schroff ein.

„Wir haben bis auf zwei Zimmer alle frei. Die Brummi-Fahrer sind ja über die Feiertage nicht da. Mit oder ohne Dusche?"

„Mit, bitte", beeilte sich Tanja zu sagen.

Die Formalitäten waren rasch erledigt, und die attraktive Rezeptionistin überreichte Tanja die Schlüssel. Ihre Finger streiften sich dabei. Es mochte aus Zufall gewesen sein, doch trotzdem ging ihr die Berührung durch und durch.

„Blöd, den Heiligabend nicht bei den Lieben daheim verbringen zu können. Stimmt's?", meinte Frau Winkler in einer Mischung aus Mitgefühl und eigener Traurigkeit.

Andrea nickte hoheitsvoll. „Genau, deshalb wollen wir zumindest hier das Beste daraus machen. Auf Wiedersehen."

Sie schnappte ihren Trolley und schritt voraus.

Tanja bedankte sich schnell bei der Motel-Angestellten, dann folgte sie ihrer Frau.

Kaum schlossen sie das gebuchte Zimmer auf, stöhnten sie im Duett. Es war der reinste Albtraum. Auf dem Teppich prangten etliche große Schmutzflecken, die vergilbte Tapete löste sich an manchen Stellen von den Wänden und es roch furchtbar muffig im Raum.

Bestürzt setzte sich Tanja aufs Bett, das zumindest sauber wirkte. Sowohl sie als auch Andrea zündeten sich auf den Schock erst einmal eine Zigarette an.

Das war's dann schon an Gemeinsamkeiten. Während Tanja auf Van Goghs Sonnenblumen in Form eines Billig-Kunstdrucks starrte, tigerte Andrea unablässig im Zimmer herum und telefonierte mit ihrer Familie. Theatralisch schilderte sie ihnen den Ablauf der letzten Stunden, wobei sie ebenfalls den Beinahe-Unfall nicht vergaß. Letztendlich beklagte sie wortreich die Tatsache, dass sie erst Morgen anreisen konnten. Was danach folgte, bekam Tanja nicht mehr mit. Sie schaute weiterhin auf das Bild und wünschte sich an einen anderen Ort mit anderer Begleitung.

„Jetzt hast du doch noch Weihnachten nach deinem Geschmack", meinte Andrea auf einmal.

„Was?" Tanja schreckte aus ihren Gedanken auf.

„Du kannst chillen, Löcher in die Luft starren und vor allem von anderen Frauen träumen. Ich habe schließlich gesehen, wie du diese Tussi vorhin angehimmelt hast."

„Rede keinen Stuss. Ich war nur freundlich. Das geht dir generell schon längst ab. Du behandelst alle herrisch um dich herum, mich eingeschlossen", flüchtete sie sich in den Gegenangriff.

„Sehr interessant, was du über mich denkst. So viel Leidenschaft würde ich mir auch im Bett wünschen", ätzte Andrea.

„Wie denn, wenn du kaum daheim bist, und falls doch, alles wichtiger ist als ich, du Workaholic."

„Weil mich dein lethargischer Anblick schier verrückt macht. Für vieles bist du nicht mehr zu gebrauchen."

Das war der Tropfen, der das Fass zum Überlaufen brachte. Tränen schossen Tanja in die Augen. Andrea sollte sie nicht sehen. Sie wandte sich von ihr ab, griff nach ihren Zigaretten und der Jacke und rannte zur Tür. Mit einem Ruck riss Tanja sie auf.

„Das scheint ein neues Hobby von dir zu sein. Wenn es ungemütlich wird, abzuhauen“, rief Andrea ihr nach.

„Leck mich!“ Tanja trat in den Flur und knallte die Tür hinter sich zu. Sie lief an der wieder verwaisten Rezeption vorbei. Aus dem Nebenraum hörte sie munteres Gebell und die Stimme der Motel-Angestellten. Eilig verließ sie das Gebäude. Sie wollte niemanden sehen. Keine A. Winkler, keinen Hund und auch nicht ihre Frau, die ihr sowieso nicht folgte.

Draußen angekommen, gestattete sich Tanja endlich zu weinen. All den Frust, die Enttäuschung und die Verletzungen brachen aus ihr heraus. Sie spürte, dass sie so nicht mehr wollte – und nicht mehr konnte. Die Trennung von Andrea, die früher stets nur ein Gedankenspiel gewesen war, stand auf einmal konkret im Raum. Doch was kam danach? Tanja wollte jetzt nicht daran denken. Sie wollte dieses Gefühl auskosten – diesen Triumph, eine Entscheidung getroffen zu haben. Diesen Wegfall der bleiernen Schwere ihrer festgefahrenen Beziehung. Sie trocknete ihre Tränen und schlenderte mit behutsamen Schritten über den eisglatten Parkplatz. Glücklicherweise hatte es inzwischen aufgehört zu regnen. Ein Endfünfziger in Anzug begegnete ihr. Sie plauderten ein wenig miteinander und rauchten gemeinsam. Er arbeitete als Pharmavertreter. Auch er war hier gestrandet, auch er war in Wartestellung, was die Zukunft betraf, wenn vielleicht nicht in der gleichen Vehemenz wie sie.

Inzwischen begann es zu dämmern. Noch aber wollte Tanja nicht auf ihr Zimmer. Sie war noch nicht für eine Konfrontation mit Andrea bereit. Sie musste allein sein, um nachzudenken. Unvermittelt fiel ihr ein Winterspaß ein, den sie und ihre Freunde zu Kinderzeiten gern unternommen hatten. Warum sollte sie ihn jetzt nicht tun? Sie breitete balancierend die Arme aus und nahm Anlauf. Dann rutschte sie über den mit Eis bedeckten Asphalt. Erst nur anderthalb Meter. Beim zweiten Versuch war es ein Stückchen weiter, und beim dritten waren es sogar rund drei Meter. Tanjas Wangen glühten vor Vergnügen, als sie immer und immer wieder rutschte. Irgendwann verlangte es ihr nach Stärkung. Sie schlitterte zur Raststätte und kaufte sich einen Becher Kaffee. Tanja trank ihn draußen und rauchte. Der heiße Trunk und der würzige Geschmack des Tabaks beruhigten ihre aufgewühlten Nerven.

Die anziehende Dunkelheit verwandelte derweil die kargen Felder zu fein geschwungenen, violetten Flächen, die von den Lichtern des Motels weich angestrahlt wurden. Die Abwesenheit der Fahrzeuge ließ den Ort friedlich erscheinen – so, wie es sein sollte am heutigen Heiligabend. Friede breitete sich in Tanja aus, der noch mächtiger wurde, als sie sah, wie die Reklameleuchten sich glitzernd in dem von Glatteis bedeckten Boden spiegelten. Er erschien ihr wie ein verwunschener See im Mondlicht.

In diesen Momenten konnte sich Tanja keine romantischere Szenerie vorstellen. Wie gerne hätte sie diese mit jemandem geteilt. Mit einer Frau, der sie zärtlich zugetan war und in deren Arme sie sich kuscheln konnte, während sie gemeinsam den unvermuteten Zauber der Landschaft auf sich einwirken ließen.

Tanja musste an Marina Savigny denken, jene Radiosprecherin, deren Stimme sie so betörte, und an A. Winkler, die sie mit ihrer verwegen-lässigen Ausstrahlung schlagartig zum Schwärmen gebracht hatte. Beides geeignete Kandidatinnen für trostvolle Traumfluchten aus der traurigen Wirklichkeit und Ablenkung von der Tatsache, dass sie hier ganz alleine stand. Doch was sonst reibungslos klappte, funktionierte jetzt nicht einmal im Ansatz. Tanjas Imagination ließ sie schmählich im Stich. Es gab nur eine Frau, mit der sie in der Dämmerung draußen auf dem Parkplatz sein wollte.

Andrea, die eigentliche Frau ihrer Träume. Die Frau, in die Tanja sich direkt beim ersten Kennenlernen verliebt hatte. Die Frau, mit der sie den Rest ihrer Tage hatte verbringen wollen. Die Frau, die sie endgültig zu verlieren drohte.

Hatten sie sich wirklich auseinanderentwickelt? Oder lag die Krise eher daran, dass sie ihre Beziehung zu selbstverständlich genommen und Alltag und Pflichten ihre Gefühle überdeckt hatten?

Tanja wollte es herausfinden. Sie holte ihr Smartphone aus der Jacke und schrieb Andrea eine Nachricht: *Ich genieß vorm Motel die letzten Sonnenstrahlen und das atemberaubende Lichterspiel der Natur. Komm, vielleicht hat das Panorama einen guten Einfluss auf uns.*

Seufzend steckte sie das Mobiltelefon zurück. Es war die letzte Chance, die Andrea hatte.

Danach entschied Tanja, nicht tatenlos zu warten. Sie schlitterte weiter und versuchte nicht über das mögliche Ende ihrer Beziehung zu grübeln. Gerade als Tanja eine Drehung auf dem spiegelglatten Asphalt versuchte, trat eine hochgewachsene Gestalt aus dem Gebäude. Sie hatte eine dunkle Mütze auf dem Kopf und ging vorsichtig Schritt für Schritt in Richtung Parkplatz. Ihre Miene schien unbewegt, doch der Mund war zusammengekniffen, und sie schaute angespannt.

Tanja lächelte.

Andrea war tatsächlich gekommen.

Sie rutschte ihr entgegen.

Die Blondine stoppte, dann zeigte sich ein scheues Lächeln auf ihren Lippen und sie lief los. Unglaublich aber wahr, die so ernst und beflissen gewordene Frau schlitterte über das Eis. Erst mit wedelnden Armen, doch von Mal zu Mal sicherer und mutiger. Bis sie einige Zentimeter vor Tanja stehen blieb.

„Hier bin ich“, sagte sie atemlos.

Stumm schauten sie sich an. Es gab keine Fragen, keine Vorwürfe und keine Erklärungen.

Andrea sah sie mit ihren großen, blauen Augen an, wie sie Tanja lange nicht mehr angeblickt hatte. Die dominante Überheblichkeit war der nervösen Unsicherheit gewichen. Es war die gleiche nervöse Unsicherheit wie vor neun Jahren, als sie Tanja ihre Gefühle gestanden und auf Antwort gewartet hatte. Tanjas Erwiderung war zu jener Zeit ein Kuss auf die verführerischen Lippen gewesen. Ein Kuss, der ihre gemeinsame Zukunft besiegeln sollte. Auch jetzt in diesem Moment drängte es sie danach, diesen Mund mit dem ihren zu berühren.

Doch zu viel war passiert, zu viel stand zwischen ihnen. Tanja konnte es Andrea nicht so leicht machen. Es brauchte mehr, als der Einladung auf den Parkplatz zu folgen. Andrea musste beweisen, dass sie in ihr ihre Gefährtin und geliebte Gattin weiterhin wahrnahm und nicht einfach die zweckmäßige Partnerin.

Andrea griff nach ihrer Hand, hielt sie fest in der ihren, während ihre Augen sich langsam von Tanja abwandten und sich umschauten.

Tanja richtete ebenfalls ihren Blick weg und betrachtete die Umgebung. Das hell erleuchtete Motel, der Sonnenuntergang, der fast vor der Vollendung stand. Der Himmel mit Mond und Sternen. Die Felder und Anhöhen, die sich bereits im Dunkeln befanden, und der glitzernde Asphalt der Autobahn und des Parkplatzes. Über dem lag eine friedliche Stille, deren Magie auf sie übergriff.

„Danke, dass du mich hergeführt hast“, raunte Andrea. „Es ist wie in einer anderen Welt. So weit weg von Alltagstrott und Hektik in seiner schlichten Schönheit.“

„Das ist es. Es bringt einen zur Besinnung.“ Andrea nickte und wollte gerade ansetzen, etwas zu sagen, aber Tanja zog sie mit sich. „Rutschen wir noch ein wenig.“

Ohne ein weiteres Wort liefen sie Hand in Hand los und schlitterten über das Glatteis. Sie kicherten und strahlten. Mit jedem Anlauf und mit jedem Gleiten schälte sich die Liebe und Verbundenheit zwischen ihnen Stück für Stück aus dem angehäuften Wust von Entfremdung und Enervierung hervor. Schließlich setzten sie sich auf eine Leitplanke.

Andrea zündete zwei Zigaretten an und reichte Tanja eine. Sie blies den ersten Rauch aus. „Ich bin inzwischen richtig froh, hier zu sein, sonst wäre ich nie zur Ruhe gekommen. Auf der einen Seite die Arbeit in der Agentur, auf der anderen das volle Weihnachtsprogramm. Es gibt mir die Chance innezuhalten und wieder klarzumachen, was wirklich wichtig im Leben ist. Du und unsere Liebe.“

Tanja zog an ihrer Zigarette. Meinte ihre Frau die bewegenden Worte ernst oder waren sie lediglich Ausdruck der Sentimentalität? Sie war hin- und hergerissen zwischen Hoffnung und Skepsis. Doch sie war ebenfalls nicht unschuldig an der Krise, erkannte sie. „Im Finanzamt muss ich stets korrekt und seriös sein.

Du kannst dir nicht vorstellen, wie sehr mich das oft anstrengt. Ein Teil von mir braucht da ein Gegengewicht. Wobei ich nicht weiß, wie das eigentlich auszusehen hat, und so verbringe ich die Freizeit passiv und verträumt. Dabei merke ich jetzt, dass das meine Unzufriedenheit nicht beseitigt, sondern verstärkt und mich von dir entfernt."

„Während ich von Termin zu Termin hetze und alles bis ins Kleinste organisieren will. Manchmal denke ich, das liegt am Kredit, den wir wegen unserer Wohnung aufgenommen haben. Ich will ihn endlich bezahlt wissen, damit wir schuldenfrei sind. Andererseits ist dieses Managen vielleicht auch zu meiner zweiten Natur geworden." Andrea atmete tief durch. „Dabei fehlt mir die Spontaneität und die Romantik zwischen uns.

„Mir geht's ebenso."

„Es ist tragisch, dass wir so spät erst darüber sprechen. All das Gezicke der letzten Zeit, der Streit eben, waren unnötig. Ich hoffe, es ist noch nicht zu spät für uns."

Eindringlich und voller Zuneigung blickte Andrea Tanja an, die sich in dem strahlenden Blau der Augen verlor. Sie spürte, wie sich ihr Herzschlag beschleunigte, so wie damals zu Beginn ihrer Beziehung.

„Lass es ...", hauchte sie. Doch weiter kam sie nicht. Ein Platzregen ergoss sich von einer Sekunde auf die andere, und sie flüchteten rutschend zum Motel.

Drinnen wurden sie von trockener Wärme empfangen. Aus dem Nebenraum der Rezeption hörten sie das Gelächter einer Fernseh-Sitcom. Der Hund der Angestellten, ein drolliger Jack-Russel-Terrier, lugte aus der Tür. Es schien Tanja, als begrüßte er sie. Sie lächelten ihm zu und er antwortete mit einem freundlichen „Wau“. Dann schlenderte er zurück zu seinem Frauchen.

Andrea und sie lachten auf. Ihre Hände verschränkten sich ineinander, als sie über den Flur zu ihrem Zimmer eilten.

Tanja wollte eintreten, doch Andrea stellte sich vor sie. Mit einem scheuen Augenaufschlag meinte sie: „Warte. Ich muss noch schnell etwas erledigen. Dauert nur ein paar Sekunden.“

Sie schlüpfte durch die Tür. Bevor Tanja reagieren konnte, war die schon vor ihrer Nase geschlossen.

Tanja stöhnte auf. Sie hätte es besser wissen müssen. Die romantische Zeit eben hatte Andrea nicht verändert. Irgendein Event musste rasch erledigt werden, sogar jetzt um sechs Uhr, wo anderswo begonnen wurde, den Heiligabend zu zelebrieren.

Ihre Ahnung bestätigte sich. Tanja hörte den typischen Pieps-Ton von Andreas Smartphone. Ein Kloß des Grolls baute sich in ihrem Hals auf. Bestimmt schrieb ihre Frau gerade eine SMS. Danach vernahm sie einige Male ein helles Klicken. Schließlich war Stille.

Tanja überlegte sich gerade die Worte der enttäuschten Wut, die sie Andrea an den Kopf werfen wollte, als die laut rief: „Kannst reinkommen, Schatz.“

Wie ein Überfallkommando riss Tanja die Tür auf und stürmte ins Zimmer – und erstarrte in ihren Bewegungen. Andrea hatte das elektrische Licht gelöscht, dafür erhellten neun Teelichter den

Raum. Rote, papierne Rentier-Girlanden hingen an den Wänden. Auf dem Bett war eine Wachsdecke mit Schneemännern ausgebreitet. Darauf standen Teller beladen mit Käse-Sandwichs, Gurken- und Kartoffelsalat, Oliven und Lebkuchenherzen. Es war, wenn zwar eine bescheidene, aber doch richtig festliche Weihnachtstafel, die sie gezaubert hatte.

„Das ist wundervoll", hauchte Tanja überwältigt. „Doch woher hast du das alles? Von zu Hause kann es nicht sein."

„Stimmt, ich hab's vorhin im Raststätten-Shop gekauft."

„Wie?"

„Nach unserem Streit ist mir schlagartig bewusst geworden, dass wir uns kaum noch Zeit für uns genommen haben. Wir waren zu sehr mit uns selbst beschäftigt und haben nicht wirklich gefragt, was die andere umtreibt", antwortete Andrea.

„Wir haben beide Fehler gemacht." Tanja trat zu ihr und nahm sie in ihre Arme.

Andrea erwiderte die Liebkosung. „Eigentlich wollte ich dir nachgehen. Aber ich begriff, dass du für eine Weile allein sein wolltest. Da kam ich auf die Idee, dir eine kleine Überraschung zu bereiten."

„Die ist dir gelungen. Sehr sogar."

„Das freut mich. Du kannst dir nicht vorstellen, wie sehr es mich glücklich gemacht hat, als ich deine Nachricht erhielt. Nicht allein, weil du deine Traumwelt verlassen, sondern auch wieder einen Schritt auf mich zugetan hast."

„Er war überfällig." Tanja küsste ihre Frau voller Zärtlichkeit und Zuneigung. Als sich ihre Lippen voneinander trennten, atmeten sie schwer und sahen sich tief in die Augen.

„Ich liebe dich, Andrea Simon."

„Und ich liebe dich, Tanja Brauer.“ Andrea löste sich aus der Umarmung und schenkte Sekt in zwei Cola-Gläser. Entschuldigend meinte sie: „Andere hatten sie leider nicht.“

„Sie sind perfekt. Wie alles an deinem improvisierten Fest.“

„Danke.“ Sie reichte Tanja den Sekt. „Frohe Weihnachten.“

„Auf uns.“

Andrea ließ ihr Glas gegen Tanjas klirren. Beide tranken einen Schluck.

„Jetzt musst du ebenso dein Smartphone ausmachen, sonst gibt’s keine Bescherung“, sagte sie mit keckem Grinsen.

Das war also der Ton gewesen – und das mehrmalige Klicken wahrscheinlich das Anzünden der Kerzen. Tanja lachte auf. „Da werde ich mich wohl fügen müssen. Wenn sogar du das kannst, schaffe ich es spielend, nicht erreichbar zu sein.“

„Du Biest.“ Andrea legte sich neben dem Mahl aufs Bett und versuchte mit geringem Erfolg überheblich dreinzublicken. „Zur Strafe musst du mich füttern.“

Tanja steckte ihr abgeschaltetes Smartphone weg. Grienend machte sie einen Knicks und schlüpfte zu Andrea. Sie kuschelte sich an sie.

Bevor sie jedoch zu den Speisen griff, flüsterte sie: „Ich bin froh, dass es Glatteis gab und wir hier im Motel gelandet sind.“

„Ja, wer weiß, wann wir wieder zueinandergefunden hätten“, entgegnete Andrea ernst.

Tanja nahm eine Olive. „Für dich, weil du unbedingt mit dem Auto fahren wolltest.

„Ich bin halt eine Visionärin.“ Erwartungsvoll öffnete sie den Mund.

„Und eine alte Rechthaberin.“ Tanja küsste Andrea auf die Wange und aß die Olive selbst.

„Hey“, protestierte die Blondine.

Tanja zog sie an sich. „Aber ich will keine andere haben, mein Engel.“

„Und ich keinen anderen Frechdachs, mein Herzblatt.“

Ihre Lippen trafen sich zu einem erneuten langen Kuss, dem noch viele weitere folgen sollten. Die Bescherung machten sie Stunden später nackt. Doch das wundervollste Geschenk von allen war ihre wiedergewonnene Liebe.

Ein besonderer Adventsabend

Lale atmete tief den intensiven, köstlichen Geruch von Glühwein, Bratwürstl, Zuckersachen und Duftölen ein. Es war der typische Duft eines traditionellen Weihnachtsmarktes. Die Schneeflocken tanzten und wirbelten auf die Altstadt hinunter. Hell leuchteten die Sterne am dunklen Abendhimmel. Der Mond prangte strahlend über den Marktplatz, auf dem sich Groß und Klein an den vielen Verkaufsbuden tummelte.

Lale lächelte. Sie war in perfekter Stimmung für einen gemütlichen Samstagabend mit ihren Freundinnen auf dem Adventsmarkt – und das Wetter spielte sogar mit. Eine knackige Kälte lag in der Luft, und der Schnee ließ die alten Gebäude noch pittoresker erscheinen, als sie ohnehin schon waren.

Einen Wermutstropfen gab es jedoch, denn heimelige Adventszeit bedeutete leider auch leidige Erkältungszeit. Letztes Wochenende hatte es Lale getroffen. Anstatt ihre freien Tage zu genießen, hatte sie hustend und niesend das Bett gehütet. Nun war ein Teil ihres Freundinnenkreises das Opfer dieser heimtückischen Viren geworden. Marion hatte bereits gestern mit krächzender Stimme abgesagt und vorhin Rahel und Steffi ebenfalls. Die übliche Sechser-Clique war somit im Vorfeld auf ein Trio dezimiert worden.

Lale blickte auf ihre Armbanduhr. Um neunzehn Uhr dreißig hatten sie sich alle treffen wollen. Jetzt war es schon fast Viertel vor acht und sie stand immer noch einsam vorm Brunnen, der als Treffpunkt ausgemacht war. Genervt rollte sie mit den Augen. So langsam konnten Katharina und Nicole mal erscheinen.

Da sie etwas fror, beschloss sie, sich vorab allein einen Glühwein zu kaufen. Sie verließ den Brunnen und ging die wenigen Meter zum Getränkestand. Der würzige Trank wärmte sie bereits, als sie den ersten Schluck nahm. Unwillkürlich verzogen sich ihre Mundwinkel nach oben. Auf dem Weg zurück wurde ihr Lächeln noch breiter, denn das zweite Drittel ihrer Runde war soeben eingetroffen: Schneewittchen.

So wurde Katharina von vielen genannt. Auch heute machte sie ihrem Spitznamen alle Ehre. Das schwarze Haar trug sie offen, sodass es wie weicher Samt über dem dunklen Mantel lag. Einem Schleier gleich umrahmte es das helle, fast weiße Gesicht. Sie stand auf einer der Stufen des Brunnens, während ihre saphirblauen Augen die Menge absuchten. Doch noch konnten sie Lales Gestalt unter den vielen Menschen nicht erspähen. Die knallrot geschminkten Lippen zogen elegant an einer Zigarette.

Lale stoppte ihre Bewegungen. Sie kam nicht umhin, die Erscheinung der Freundin zu bewundern. Ja, so hatte sie sich Schneewittchen immer vorgestellt, schon als man ihr im Kindergarten das Märchen erzählt hatte. Katharina war die moderne, reale Reinkarnation der Figur – gewiss eine dunkle, düstere, denn sie trug mit Vorliebe komplett schwarze Kleidung.

Es war nicht unbedingt Lales Stil, aber es passte zu Katharina. Sie mochte es sogar an ihr. Und mehr noch. Katharina gefiel ihr über das Platonische hinaus. Heute war wieder einer dieser

Momente, in denen Lale es bereute, dass sie beide Angehörige derselben Clique und keine Fremden waren, die sich begegneten und zwischen denen alles möglich war.

Dabei kannten sich Katharina und sie gar nicht so gut. Sie teilten im Grunde nur gelegentliches Ausgehen. Lales beste Freundin Rahel war mit Steffi zusammen, deren Arbeitskollegin Marion wiederum ihr gemeinsames Coming-out mit Nicole gehabt hatte, die zu guter Letzt die beste Freundin von Katharina war. Irgendwann hatte es sich ergeben, dass sie zu sechst ausgegangen waren, was allen Beteiligten Vergnügen bereitet hatte. Viele weitere Treffen folgten. Mit Katharina allein hingegen hatte Lale noch nie etwas unternommen. Und so sollte es auch heute sein, denn Nicole musste jede Minute eintreffen.

Wenigstens in den bis dahin verbleibenden Augenblicken wollte Lale die Illusion haben, sie hätte mit Schneewittchen ein richtiges Date. Sie ging weiter und kämpfte sich durch die Menschenmassen zum Brunnen.

„Hi, Lale. Bin ich froh, dich zu sehen. Ich dachte, ich hätte euch verpasst“, strahlte Katharina, als sie ihr gewahr wurde. In ihrem typischen Schwebeschritt ging sie zu Lale und umarmte sie zur Begrüßung.

„Grüß dich.“ Lale erwiderte die kurze, aber innige Berührung. Der Geruchsteppich des Christkindlmarkts, den sie eben noch so deutlich vernommen hatte, machte dem verführerischen süßen Duft ihres Gegenübers Platz.

Katharina war eine aus der Clique und das aus gutem Grund – schalt sie sich in Gedanken. Schnell trat Lale einen Schritt rückwärts.

„Ich habe mir schon mal etwas Warmes besorgt, um die Wartezeit zu vertreiben“, beeilte sie sich zu sagen.

„Sind Rahel und Steffi noch nicht hier?“ Erstaunt hob Katharina ihre Augenbrauen.

„Sie haben per Mail abgesagt. Wie Marion hat die Erkältung nämlich auch sie erwischt.“

Katharina zog ein letztes Mal an ihrer Zigarette und warf sie achtlos auf den Boden. „Das tut mir leid. Ich werde mich morgen bei ihnen melden, um ihnen gute Besserung zu wünschen.“

„Darüber werden sie sich freuen. Sie waren echt geknickt, heute nicht mit uns auf den Adventsmarkt zu kommen“, erwiderte Lale. Erleichtert stellte sie fest, dass sich Katharina mit jedem Wort, das sie miteinander wechselten, von der betörenden Schönheit wieder in das nette, unkomplizierte Cliquenmitglied verwandelte. Ihre Blicke schweiften indes umher. „Apropos Pünktlichkeit. So langsam könnte Nicole mal auftauchen.“

„Sie musste auch absagen. Man hat ihr im Krankenhaus eine Extraschicht aufgebrummt.“

Lale erstarrte. Das bedeutete ...

„Wir zwei Hübschen machen heute also alleine die Stände unsicher“, sprach Katharina grinsend Lales Gedanken aus und hakte sich bei ihr ein.

„Und ob wir das machen“, meinte Lale tapfer und schluckte. Auf einmal fühlte sich die Illusion eines Dates ziemlich real an. Ein Date mit Katharina – mit der schönen, extravaganten Katharina, die einer prickelnden Affäre nur selten abgeneigt war.

Unwillkürlich schluckte sie abermals.

„Na dann, auf geht's zu den Verkaufsbuden. Ich hätte nämlich auch Lust auf etwas Heißes", meinte Katharina prompt zweideutig, grinste und tippte an Lales Glühweintasse.

Der Andrang war so groß, dass die beiden Frauen anstehen und sich eine Zeit lang gedulden mussten, bis sie ihre Bestellung aufgeben konnten. Als sie endlich an der Reihe waren, hatte Lale längst ihren Wein ausgetrunken. Sie orderte direkt einen neuen.

„Ich gebe dir einen aus. Quasi als Wiedergutmachung, weil ich dich vorhin habe warten lassen", sagte Katharina.

„Das brauchst du nicht."

„Es ist mir ein Bedürfnis." Sie bestellte beim Wirt und ließ Lales Arm los, um ihren Geldbeutel aus der Handtasche zu ziehen.

Da wurde Lale erst bewusst, dass sie die ganze Zeit recht engen Körperkontakt gehabt hatten. Nun, da er nicht mehr bestand, sehnte sich ihr Arm danach, wieder aufgenommen zu werden und erneut Katharinas Wärme spüren zu dürfen. Die Erkenntnis traf sie wie ein Donnerkeil. Wenn sie nicht aufpasste, war sie auf dem besten Wege sich ...

Sie dachte den Gedanken nicht zu Ende.

Lale räusperte sich und entgegnete schnell: „Danke für den Glühwein."

„Gern geschehen." Katharina bezahlte beim Standwirt, dann entfernte sie sich von der Theke, um den anderen Wartenden in der Schlange Platz zu machen.

Lale folgte ihr und hob ihre Tasse. „Auf einen schönen Abend."

„Prost. Auf einen schönen Abend." Katharina stieß mit ihr an. „Mit dir."

Die letzten zwei Worte betonte die Freundin extra langsam. Oder zumindest kam es Lale so vor. Unverwandt betrachtete sie sie und versuchte zu ergründen, ob irgendetwas in Katharinas Blick lag, das auf mehr als auf ein platonisches Interesse schließen könnte. Hatte sie vor mit ihr zu flirten? In der Vergangenheit war das nie der Fall gewesen. Wieso plötzlich jetzt? Lag es daran, dass sie zum ersten Mal nur zu zweit etwas unternahmen?

Katharina zwinkerte ihr zu und nippte genießerisch an der dampfenden Flüssigkeit.

„Mmmh, tut das gut bei der Kälte. Nun können wir gestärkt die Lage checken, stimmt's?!" Um das Gesagte zu unterstreichen, ließ sie ihre Augen über die Menge schweifen, als ob sie bereits auf der Suche nach einer Entdeckung wäre – oder gar nach einer Eroberung. So, wie es keine Seltenheit bei Katharina war.

„Ja, checken wir die Lage", entgegnete Lale rau. Sie nahm ebenso kleine Schlucke von ihrem Wein. Mal wieder hatte sie die Flöhe husten gehört. Katharina wollte nichts von ihr. Das Einhaken und die Anspielungen hatten absolut nichts zu bedeuten. Ein klitzekleiner Stich der Enttäuschung durchfuhr sie, aber er wurde direkt von einer Welle der Erleichterung überrollt. So attraktiv Katharina auch war, ein Flirt oder mehr hätte sowieso nur für Probleme gesorgt.

Lale straffte die Schultern. „Ich würde mir gerne die Verkaufsbuden anschauen. Ist das okay, wenn wir über den Markt gehen?"

„Klar, ich will ja auch gucken, was es hier so alles gibt", nickte Katharina und sah sie erneut an. Sie strich sich übers Haar und fuhr mit einem geheimnisvollen Lächeln auf den Lippen fort: „Ich hätte nämlich Appetit auf etwas Süßes."

Verdammt, da war dieses Husten der Flöhe schon wieder! Lale beschloss es zu ignorieren – und das ging am besten mit Nervennahrung. Umständlich kramte sie einen Glimmstängel hervor. Bevor sie das Feuerzeug finden konnte, ließ Katharina ihres aufschnippen.

„Bitte."

„Danke." Lale entzündete ihre Zigarette daran.

Tief inhalierte sie den Rauch, dann blickte sie auf und sah geradewegs in leuchtend blaue Augen.

Es lag keinerlei Schalk in ihnen, sie ruhten ernst auf ihr. Lale war es, als würden die Augen Katharinas Innerstes offenbaren und zugleich ihre Seele ergründen wollen. Das war kein Blick unter platonischen Freundinnen. Das war der einer Frau, die mehr wollte.

Lale hielt ihm stand. Sie spürte, wie sich ihre oberflächliche Schwärmerei zu Katharina zu etwas Bedeutsameren wandelte – zu etwas, das sie nicht einmal in Gedanken zu benennen wagte. Sie bewegte sich sacht ein Stückchen vorwärts, sodass sie Katharinas warmen Atem auf ihrer Haut spüren konnte.

„Hi, Schneewittchen. Was für eine Überraschung!", riss sie eine Stimme aus dem intimen Moment.

Erschrocken zuckten sie zusammen. Lale glaubte sich sogar einem Herzkasper nahe. Sie drehte sich um und erblickte eine kerlige, stämmige Brünette, die geradewegs zu ihnen gestiefelt kam.

Im Gegensatz zu ihr schien Katharina über die Störerin erfreut. Die Lippen formten sich zu einem Lächeln: „Hallo, Anna. Lange nicht mehr gesehen."

„Ja, viel zu lange." Sie umarmte Katharina, dabei tatschte eine Hand gierig an den Po. Das Willkommensbussi geriet ebenso leidenschaftlich. Annas Mund verweilte innig auf Katharinas Wange, ganz in der Nähe des Ohres.

Lale spürte einen wachsenden Groll in sich aufsteigen. Es war noch relativ egal, dass der Trampel sie nicht gegrüßt hatte. Sie musste nicht von jedem Hallo gesagt bekommen und schon gar nicht von diesem derben Urvieh. Doch was sie wurmte, war der Umstand, dass Anna sich geradezu an Katharina ranschmiss.

Die wiederum hatte ihren Sinn für Höflichkeit nicht verloren. Sie löste sich etwas von ihrer Bekanntschaft. „Ihr kennt euch bestimmt noch nicht. Das ist Lale."

Sie nickten einander stumm zu.

„Und das ist Anna."

„Die immer noch gerne an eine besondere Nacht zurückdenkt." Sie grinste bei ihren Worten wie ein lüsterner Macho.

„Die war in der Tat ganz besonders", sagte Katharina mit frivolem Gesichtsausdruck.

Lale hätte kotzen können. Dabei konnte sie sich nicht entscheiden, was sie mehr anwiderte: das Getue jetzt, oder der Fakt, dass die beiden irgendwann einmal miteinander ins Bett gesprungen waren.

Wie dem auch war, diese Anna hatte offensichtlich weiterhin ihren Spaß an Katharina.

„Ich hab dich lange nicht mehr in der Bar gesehen, in der diese Nacht begonnen hatte, Schneewittchen", meinte Anna zugleich.

„Stimmt. Leider hatte ich in letzter Zeit viel zu tun", entgegnete Katharina mit einem koketten Augenaufschlag. „Aber zum Glück hat sich das geändert. Der Besuch des Weihnachtsmarkts heute ist der Auftakt, dass ich mich wieder den schönen Dingen des Lebens widmen werde."

„Das freut mich zu hören. Sehr sogar", säuselte Anna prompt.

Lale stellte die Ohren auf Durchzug. Sie fühlte sich immer mehr wie das fünfte Rad am Wagen. Sie hätte es besser wissen müssen und direkt zu Beginn den Abend abbrechen sollen. So wäre ihr wenigstens erspart geblieben, wie Katharina ihrem Ruf als Aufreißerin gerecht wurde. Nur mit Mühe konnte sie ein Aufstöhnen unterdrücken.

Doch Anna schien mit der Dreier-Konstellation ebenfalls nicht glücklich zu sein, denn demonstrativ wandte sie Lale den Rücken zu, während sie weiter mit Katharina flirtete.

Das erste Mal seit dem Erscheinen dieses Trampels musste Lale grinsen, denn offensichtlich empfand Anna sie als eine Art Nebenbuhlerin. Wäre sie sonst darauf bedacht gewesen, Katharina vor ihr abzuschirmen?

Wenn Lale es recht betrachtete, machte Katharina auch keinen interessierten Eindruck, was Annas Balzrituale betraf. Sie gab lediglich knappe Antworten und die tatschenden Berührungen erwiderte sie nicht. Aber konnte es nicht ebenso sein, dass Katharina nur die Unnahbare spielte und damit ihre Verehrerin anstacheln wollte? Oder vielmehr ihre zwei Verehrerinnen? Anna und sie?

Nachdenklich fuhr sich Lale durch ihre schwarzen, kurzen Locken. Der intime Moment zwischen Katharina und ihr hallte noch immer in ihrem Innersten nach. Konnte es wirklich sein, dass die Freundin jetzt ein aktives Handeln von ihr einforderte? Ihre Intuition jedenfalls befahl ihr, Annas Treiben nicht mehr tatenlos zuzusehen. So drückte sie ihren Rücken durch und beschloss in die Offensive zu gehen.

Lale schob sich an Anna vorbei. Sie legte eine Hand auf Katharinas Schulter und raunte leise, jedoch laut genug, damit die Rivalin es hören konnte: „Ich will ja eure Konversation nicht stören, aber hattest du nicht Lust auf etwas zu naschen?

Um ihre Worte nachträglich zu unterstreichen, neigte sie ihren Kopf zur Seite und bedachte Schneewittchen mit einem strahlenden Lächeln.

Katharina erwiderte es. Mehr noch, sie schlang einen Arm um Lales Taille. „Oh natürlich, ich könnte für etwas Süßes sterben, Liebling!"

„Das kann ich unmöglich zulassen." Lale lugte zu ihrer Konkurrentin, deren verdüsterte Miene sich auf den Boden richtete, wo ihre bestiefelten Füße unablässig gegen den Schnee traten. Unter anderen Umständen hätte sie mit Anna Mitleid gehabt, aber nicht in dieser Situation.

Katharina verabschiedete sich indes von Anna. „Tja, wir wollen dann mal weiter. Schön, dass wir uns wieder getroffen haben."

„Ja, tschüss", brummte die Butch.

„Ciao. Und noch einen schönen Abend", winkte Katharina und setzte sich mit Lale in Bewegung.

Nachdem sie um die Glühwein-Verkaufsbude abgebogen waren, verflüchtigte sich Lales Triumphgefühl mit jedem Schritt, den sie gingen. In ihr kam ein böser Verdacht hoch. Hatte es Katharina womöglich genossen, dass zwei Frauen um sie gekämpft hatten? Als Kick für ihr Ego? Augenblicklich spürte sie einen Anflug von Antipathie gegenüber Schneewittchen und schalt sich selbst als eine Vollidiotin.

Katharina hingegen ließ ihren Blick lässig über den Markt schweifen. Kostete sie gerade ihr kleines Spiel mit ihren liebeshungrigen Fans erneut aus?

Lale biss sich auf die Lippen. Sie wollte Schneewittchen zeigen, dass sie nicht das schwärmende Häschen war, für das die sie hielt. Sie zupfte an Katharinas Mantelärmel.

„Ich will nicht indiskret sein, aber ich hätte nicht gedacht, dass Anna dein Typ wäre."

„Ist sie auch nicht."

„Aha." Lale blieb stehen und schaute ihr forschend ins Gesicht.

Katharina seufzte. „Ich war total betrunken, als wir unseren One-Night-Stand hatten. Meine Ex und ich hatten uns gerade zwei Tage vorher getrennt. Ich war ziemlich down und habe in der Bar Ablenkung gesucht. Also, nicht wie du jetzt denkst ..."

„Wie denke ich denn?"

„Dass ich mich mit Sex ablenken wollte, weil ich doch früher mit Frauen nichts anbrennen habe lassen", sagte Katharina geradeaus. Dann schüttelte sie den Kopf. „Nein, ich bin einfach nur zum Reden hingegangen. Ein schwuler Freund war da und hatte mich aufgemuntert. Tja, und Anna eben auch. Wir haben ordentlich gemeinsam einen gebechert und sind schließlich im Bett gelandet. Du kannst mir glauben, im nüchternen Zustand hätte ich das nicht gemacht. Ich stehe nämlich eher auf kleinere, zierliche Frauen so wie du ..."

„... als auf Butches mit Bürstenhaarschnitt, die einen unter den Tisch trinken können", schnitt Lale ihr das Wort ab. Doch jetzt war nicht die Zeit für einen flachsenden Flirt. „Du scheinst das Ganze trotzdem in guter Erinnerung behalten zu haben. Du warst nämlich eben nicht gerade peinlich berührt, als sie auftauchte."

Katharina zuckte mit den Achseln. „Na ja, ich denke mir, egal, wie es auch gelaufen war, hinterher stets jede Frau wie eine Lady zu behandeln. Außerdem ist sie ein netter Kerl."

Da war Lale zwar entschieden anderer Meinung, doch sie schwieg. Konnte es sein, dass Katharina es nicht mitbekommen hatte, dass zwei Frauen um sie gebuhlt hatten?

Lale unterdrückte ein Aufstöhnen. Heute Abend wurde sie einfach nicht schlau aus Katharina.

„Komm, anstatt über unsere Affären zu labern, lass uns lieber den Weihnachtsmarkt unsicher machen", beschied Katharina und hakte sich wieder bei Lale ein.

Die beschloss sich für den Rest des Abends möglichst keine Gedanken mehr zu machen, schon gar nicht darüber zu grübeln, ob hinter Schneewittchens unkonventioneller Art etwas lag, das über platonische Freundschaft hinausging. Das würde sie sowieso am morgigen Sonntag noch genügend tun, wenn sie allein in ihrem Bett lag.

Sie schlenderten über den Markt und schauten sich die Verkaufsstände an. Wie Lale erwartet hatte, war einiges davon Kitsch der übelsten Sorte. Als sie ein besonders trashiges Exemplar sah, stupste sie Katharina an.

„Schau, wie würde dir das für deine Fensterbank gefallen?" Lale zeigte auf einen farbenfrohen Lichterbogen, der mit unzähligen rotnasigen Rentieren und pausbackigen Engelchen verziert war.

„Oh nein! Ist das scheußlich!" rief die Freundin aus und lachte laut los.

Der Verkäufer schaute sie grimmig an und grummelte etwas Unverständliches. Mit Sicherheit war es nichts Freundliches gewesen.

Giggelnd zogen Lale und Katharina weiter.

An einem anderen Stand gab es Teeproben. Beide wurden neugierig und nahmen sich davon. Der würzige Trank umschmeichelte ihre Gaumen. Sowohl Lale als auch Katharina kauften sich ein Päckchen Tee. Lale erstand zudem noch nebenan ein Dufthäuschen in Form eines griechischen Tempels.

Ein paar Meter weiter blieb Katharina wie vom Donner gerührt stehen. Ihre Stimme überschlug sich fast vor Entsetzen, als sie mit dem Zeigefinger auf die feilgebotenen Waren vor sich wies: „Schau mal, diese Mützen! Wer zieht sich bloß so etwas Grässliches freiwillig auf?"

Lale folgte ihrem Blick und prustete los. Die bunt gestrickten Kopfbedeckungen mit überdimensional großen Ohrwärmern waren tatsächlich an Hässlichkeit nicht zu überbieten. Sie fackelte nicht lang, nahm ein rosa-grünes Exemplar vom Haken und setzte es Katharina auf den Kopf. Frech griente Lale: „Es ist zwar gewöhnungsbedürftig, aber es steht dir nicht schlecht."

In Wirklichkeit passte nichts weniger zu der dunkel gewandeten Katharina als das grelle Teil. Doch genau dieser Kontrast hatte auch etwas Putziges.

Katharina schaute in den Spiegel und zog eine Grimasse. „Ah, nee!"

Bevor sie die Mütze absetzen konnte, zückte Lale ihr Smartphone und schoss ein Foto von ihr.

„Du bist ein Ekel, Lale Barslan. Warum tust du mir das an?", zeterte Katharina lachend.

„Sei froh, dass ich es nicht ins Internet setze."

„Oh, das wirst du büßen!" Katharina zerrte schnell das Ungetüm von ihrem Kopf. Sie sprang Lale an und kniff ihr in die Seite.

„Autsch. Hab Erbarmen."

„Hoho, du bist noch nicht genug bestraft worden", dröhnte Katharina, die nun begann, sie zu kitzeln.

Lale befreite sich kichernd von ihr und entdeckte etwas, das sie vor dem wild gewordenen Schneewittchen retten konnte.

„Schau mal!"

Mehr musste sie nicht sagen, denn Katharina eilte sofort zu dem Tisch, auf dem Räuchermännchen ausgestellt waren.

Wer Katharina näher kannte, wusste von ihrem Faible für Gruselfilme und -geschichten. Ganz besonders hatten es ihr Vampire angetan. Einige davon gab es auch an diesem Stand als Räuchermännchen.

„Wie goldig sind die denn?", rief Schneewittchen zugleich entzückt aus.

Lale lächelte in sich hinein. Gerade jetzt, oder nein, heute Abend fand sie die Freundin hinreißend. Sonst war Katharina stets auf Coolness bedacht, nicht, dass das nicht auch seinen gewissen Charme hatte, aber heute war sie so ausgelassen und fröhlich, wie Lale sie noch nicht erlebt hatte – und es gefiel ihr außerordentlich.

Wie erwartet kaufte Katharina eine Figur, dann holten sie sich einen neuen Glühwein. Schließlich kamen sie an einer Bude vorbei, an der heiße Waffeln und Crêpes verkauft wurden. Von Letzterem konnten beide generell kaum genug bekommen.

Lale stellte sich an den Tresen. „Du wolltest doch etwas Süßes. So wie immer mit Schokoladencreme? Ich gebe dir einen aus."

„Ja, genau. Merci, das ist lieb von dir." Zum Dank küsste Katharina sie auf die Wange.

Nur mit größter Willensanstrengung konnte Lale sich abhalten, die Stelle zu streicheln. In ihrem Bauch begannen Schmetterlinge, einen wilden Tanz aufzuführen. Wie in Trance gab sie bei der Verkäuferin die Bestellung auf.

Fünf Minuten später hatte Lale ihre Fassung wiedergefunden und die gefüllten Crêpes in Empfang genommen. Sie aßen sie an einem Stehtisch.

„Magst du probieren? Ich hab mir einen mit Kirschmarmelade geholt." Lale reichte ihre Portion rüber.

„Ja, gerne." Katharina biss ein Stück ab. „Oh, das ist aber lecker und süß."

„Finde ich auch."

„Und ich finde noch etwas ganz anderes süß", sagte Katharina und blickte Lale tief in die Augen, dass es der weich in den Kniekehlen wurde.

Lale versuchte, es sich nicht anmerken zu lassen. Stattdessen meinte sie: „Ja, ich weiß. Den da findest du ja auch süß."

Sie schob die Tüte, die auf dem Tisch lag, ein Stückchen hinunter, sodass das Köpfchen des Vampir-Räuchermännchens zum Vorschein kam.

„Nicht nur den." Katharina warf keinen Blick auf die Figur.

Unwillkürlich leckte sich Lale über die Lippen.

„Den Glühwein zum Beispiel empfinde ich genauso."

„Du bist unmöglich!" Lale schüttelte lachend den Kopf. Katharinas Zweideutigkeiten machten ihr nichts mehr aus. Sie genoss sie sogar. Darüber nachdenken konnte sie ja immer noch zu einem späteren Zeitpunkt.

Die Schneeflocken ließen sich indes in stetig größerer Anzahl auf Katharinas schwarzem Haar nieder – sie wirkten wie ein dünner Schleier darauf. Es ließ die blauen Augen noch mehr erstrahlen. Lale spürte, wie ihr Herz flatterte. Wie schön doch Schneewittchen war – so unendlich schön.

Sie lächelten einander an, was sie im Laufe des Abends noch häufiger tun sollten, und vergnügten sich ausgelassen auf dem Adventsmarkt – vor allem miteinander. Einen Wermutstropfen gab es jedoch. Es begann immer heftiger zu schneien. Außerdem zog die Kälte einer typischen Dezembernacht durchdringender heran.

Frierend rieb Lale die Hände aneinander. „Ich weiß ja nicht, wie es dir geht, aber mein Körper verlangt dringendst nach Aufwärmung."

„Meiner auch." Katharina schlang ihre Arme um den eigenen Leib. „Doch es wäre schade, wenn wir den Abend wegen des Scheißwetters vorzeitig beenden würden."

Lale empfand das ebenso. Sie verstanden sich zu gut. Außerdem drängte es sie zu erfahren, was Katharina vorhatte. Sie wollte die Nähe zu Schneewittchen noch weiter auskosten.

„Dann lass uns in eine Kneipe gehen", schlug Lale vor.

„Prima Idee."

Leider hatten sie kein Glück. In den umliegenden Lokalitäten fanden bereits die meisten der anderen Besucher des Adventsmarkts Unterschlupf. Es war hoffnungslos überfüllt. In den Gaststätten der benachbarten Gassen des Markts sah es genauso aus – und in denen, wo etwas frei gewesen wäre, logierten geschlossene Gesellschaften, schließlich bedeutete Adventszeit auch Weihnachtsfeierzeit.

Ein regelrechter Schneesturm zog inzwischen über die Stadt. Nur wenige Menschen harrten noch auf dem Markt aus. Lales und Katharinas Haare waren mittlerweile komplett durchnässt. Ewig konnten sie hier nicht weiter herumstehen. Nur wo sollten sie hin?

Katharina klatschte in die Hände. „Weißt du was? Wir gehen einfach entweder zu dir oder zu mir. Dort nehmen wir eine heiße Dusche. Hinterher lassen wir uns was vom Pizza-Service bringen. Wenn du magst, können wir uns beim Essen eine DVD anschauen."

Lale schluckte. Das bedeutete, dass sie beide allein in einer Wohnung sein würden. Wie sollte sie bloß reagieren?

Zunächst einmal mit der Wahrheit. Sie räusperte sich. „Mein Apartment ist gut zwanzig Gehminuten von hier entfernt."

„Nee, das ist zu weit, Lale. Gehen wir lieber zu mir. Ich wohne gleich um die Ecke." Katharina machte ein entschlossenes Gesicht.

„Gut, dann zu dir", nahm Lale mit größter innerer Aufregung die Einladung an. Was geschehen sollte, sollte geschehen, dachte sie schicksalsergeben.

„Dann los, bevor wir hier draußen noch zu Eissäulen erstarren", nickte Schneewittchen ihr zu, und gemeinsam eilten sie vom Marktplatz.

Auf dem Weg zu Katharinas Wohnung verlor Lale sich wieder in ihren Grübeleien. In der Vergangenheit waren eine oder beide jeweils stets liiert gewesen, erst seit einigen Monaten war es nicht mehr so. Lale fühlte sich seit geraumer Zeit zu Katharina hingezogen, was im Laufe des Abends sogar noch stärker geworden war und den Wunsch entstehen ließ, ihr näherzukommen. Das könnte aber zu Komplikationen in der Clique führen. Zudem hatte Katharina bekanntlich den Ruf keine Kostverächterin zu sein, was Affären betraf. Würde sie ihr Glück nun auch bei ihr versuchen?

Überdies sollte es das erste Mal sein, dass sie Schneewittchens Wohnung betrat. Katharina empfing mit dem Verweis auf ihre zwei Katzen nicht oft Besuch. Warum machte sie ausgerechnet jetzt eine Ausnahme?

Lale seufzte auf. Fragen über Fragen, die sie fast durchdrehen ließen. Vorsichtshalber nahm sie sich vor, möglichst kurz bei Katharina zu bleiben und sich in den nächsten Tagen von ihrer besten Freundin Rahel einen Rat geben zu lassen.

Nach wenigen Minuten erreichten sie das Haus, in dem Katharina wohnte. Lale war von der nassen Kälte und ihren Gedanken noch so ergriffen, dass sie nicht auf das Aussehen des Treppenhauses achtete, als sie in den zweiten Stock stiegen.

Bevor Katharina das Schloss ihrer Wohnungstür aufsperrte, erklärte sie: „Stör dich nicht an der Unordnung. Ich habe nicht aufgeräumt. Eigentlich hatte ich keinen Besuch erwartet.“

Sie sagte es mit einer gewissen Verschämtheit, die Lale süß fand. Ihre eigene Aufregung legte sich.

Kaum hatten sie den Flur betreten, kam Lale nicht dazu, das angebliche Chaos zu begutachten, denn zugleich wurden sie von zwei Katzen stürmisch begrüßt. Sie schmiegten sich um die Wette an ihre Beine und miauten im Chor.

Sofort war Lale hingerissen von den beiden. Sie ging in die Hocke und begann das Kätzlein mit dem roten Fell zu streicheln. Die Schwarze, ein etwas größeres Tier, wollte da nicht hinten anstehen. Schnell tippelte sie zu Lale und legte die Vorderpfoten auf ihre Oberschenkel. Ganz offensichtlich waren die Stubentiger ebenso von dem Besuch begeistert wie der von ihnen.

„Wie heißen die Süßen?"

„Tiffy und Bela." Katharina zog ihren Mantel aus und hängte ihn an die Garderobe.

„Das sind ja mal interessante Namen. Wie kamst du darauf?", wollte Lale wissen.

„Tiffy hieß sie schon im Tierheim. Die Mitarbeiter meinten, sie würde sie mit ihren wuscheligen roten Haaren an diese Figur aus der Sesamstraße erinnern." Katharina lächelte und gesellte sich zu ihnen auf den Boden.

„Und Bela, nach dem einen von den Ärzten?"

Katharina verzog ihren schönen Mund. „Nee, die sind nun wirklich nicht mein Musikgeschmack."

„Sondern?"

„Nach Bela Lugosi. Dem Dracula-Darsteller."

Dumme Frage! Nach wem hätte Katharina – das schwarze Schneewittchen – die Katze sonst taufen sollen?

Lale konnte sich nur mit Mühe ein Auflachen verkneifen. Sie strich dem Kater übers Fell. „Aha, dann bist du also ein kleiner Vampir."

Katharina erhob sich wieder. „So, ich brauche jetzt ganz schnell eine warme Dusche und danach etwas Trockenes zum Anziehen."

„Geht mir genauso." Lale stand ebenfalls auf.

„Danach können wir weiter die Katzen knuddeln."

Kaum hatte sie es ausgesprochen, stolzierten Tiffy und Bela wie auf Kommando in die Küche und miauten.

„Nicht aufregen, ihr Mini-Diktatoren. Selbstverständlich bekommt ihr zuerst euer Mahl."

Katharina füllte Futter in die Näpfe und meinte mit einem Lächeln auf den Lippen: „Wie wäre es, wenn wir anstatt einzeln zu duschen, lieber zusammen baden? Dann muss keine von uns auf die andere warten und es wärmt uns auch mehr auf.“

„Also, ich ... also, das kommt jetzt ziemlich überraschend ...“ Lale brach ab. Ihre Vernunft war drauf und dran, dankend abzulehnen. Ein anderer Teil in ihr ließ sie zögern – der Teil, der sich nach Katharina sehnte und sich nichts mehr wünschte, als ihr endlich nahe zu sein. Was sollte sie bloß auf diesen ungewöhnlichen Vorschlag entgegnen?

„Sei nicht schüchtern, Lale. Wir haben bereits öfters gemeinsam nackt in der Sauna gesessen“, erinnerte die Gastgeberin sie mit einem frechen Grinsen. „Ich kenne folglich deinen Knackarsch schon längst in seiner ganzen Pracht.“

„Das ist natürlich ein Argument.“ In Gedanken dachte Lale, dass diese Momente der Nacktheit stets im öffentlichen Raum geschehen waren. Außerdem waren die anderen Freundinnen immer dabei gewesen. Dieses Argument war somit schief.

„Also, was ist?“ Katharina schaute sie auffordernd an.

Andererseits wollte Lale nicht prüde erscheinen. Sie gab sich einen Ruck. „Gut, lass uns zusammen baden.“

„Du wirst es nicht bereuen“, versprach Katharina in einem Ton, der ziemlich lasziv klang.

„Ich hätte gerne eine Pizza Funghi“, erwiderte Lale. Der Sinn für Frotzeleien war ihr vergangen. Sie war immer noch hin- und hergerissen. Eine kleine Stimme schimpfte in ihr, dass das keine gute Idee wäre. Eine andere befahl ihr regelrecht, sich im warmen Nass mit Katharina zu vergnügen.

Sie ging an die Badezimmertür und schaute gedankenverloren auf die Wanne, in der sie gleich mit Katharina sitzen würde. Was sollte bloß dort geschehen?

„Kannst du schon mal Wasser einlassen und schäumendes Badesalz reintun? Ich rufe derweil den Bring-Service an", rief Katherina zu ihr.

„Mach ich."

Lale tat, wie ihr geheißen. Schnell breitete sich ein wohlriechender Duft von Lavendel und Rosen in der Wohnung aus.

Kurz darauf erschien Katharina im Raum. Sie hatte ein Bündel Kleidung über dem Arm hängen. „Hier sind trockene Sachen zum Anziehen für später. Es wird dir zwar etwas zu groß sein, aber du willst ja heute nicht mehr in einen Club gehen. Oder?"

„Ach, Schlabberpulli und Jogginghose, das wäre doch mal ein wirklich cooler Style!"

„Hast recht. Vielleicht würdest du damit zur Trendsetterin werden." Katharina lachte – auch noch, als sie ihre Bluse aufknöpfte, sie auszog und nachlässig auf den Boden warf.

Lale schluckte hart. Es kostete sie alle Überwindung, Schneewittchen nicht zuzusehen, wie diese sich vor ihr entblätterte. So starrte sie auf die Fliesen, während sie sich ebenfalls von ihren Klamotten befreite.

Es nahte jedoch bald Rettung. Die Katzen folgten ihnen mit lautem Miauen ins Bad. Das war die Ablenkung, die Lale sich dringend erhofft hatte.

„Na, wollt ihr auch baden?", rief sie den Tieren zu.

„Die mögen den Lavendelgeruch und wollen sich wahrscheinlich über uns Menschen amüsieren, weil wir uns freiwillig ins Wasser legen", klärte Katharina sie auf.

Und so war es auch. Bela machte es sich im Waschbecken gemütlich, während Tiffy ihren Platz auf dem Klodeckel fand. Ihre kleinen Katzengesichter schienen zu grinsen, als Katherina und Lale in das duftende, warme Nass stiegen.

„Ah, tut das gut", seufzte Lale wohlig auf. Sie spürte regelrecht, wie die von der Kälte steif gewordenen Glieder wieder zu Leben erwachten.

„Und wie!", pflichtete Katharina ihr bei. Sie schloss ihre Augen und legte den Kopf in den Nacken.

Wie wunderschön sie war. Es war ein sinnlicher Anblick, auch wenn der Schaum ihren Körper leider komplett bedeckte. Lale leckte sich unwillkürlich über die Lippen.

Doch sie wurde ebenso beobachtet. Sie konnte die beiden Augenpaare regelrecht auf sich fühlen. Sie drehte sich um und tatsächlich: Unter halb geschlossenen Lidern hatten die Stubentiger sie im Visier.

„Die zwei führen sich wie gestrenge Gouvernanten auf", meinte Lale lächelnd.

„Dabei sind wir richtig brav." Katharina grinste wieder zweideutig.

Lale wurde dieses Mal nicht unbehaglich. Ganz im Gegenteil. Je mehr sich ihr Körper aufwärmte, desto drängender meldete sich ihre Lust, die ihre Bedenken regelrecht verdrängte. Dafür genoss sie das Schaumbad mit Katharina viel zu sehr, als es sich mit Grübeleien zu verderben. Sie begehrte sie so stark, dass alles andere keinen Platz in ihren Gedanken hatte.

Das Wasser umschmeichelte Lale, und sie lag hier nackt mit einer umwerfenden Frau. Seit Langem hatte sie sich nicht mehr so gut gefühlt. Lale war so entspannt, dass das Schnurren der beiden Katzen wie Musik in ihren Ohren klang.

Und es wurde noch besser. Noch viel, viel besser. Denn der Schaum löste sich langsam auf und machte die Sicht auf Katharinas nackten Leib frei. Lale fragte sich, wie sie früher in der Sauna das perfekte Rund der Brüste nicht hatte bemerken können. Die schmale Taille, die weibliche Form des Beckens ...

In Lale breitete sich eine süße Hitze aus. Als Katharina indes begann, mit dem Fuß über ihren Unterschenkel zu streichen, verursachte das bei Lale schlagartig einen prickelnden Schauer der Erregung. Sie sah in Schneewittchens schönes Antlitz und entdeckte in den saphirblauen Augen das gleiche Verlangen, das in ihr loderte.

Ding Dong.

Sie zuckten erschrocken zusammen. Bela stieß sogar ein Miau aus, das wie ein Knurren klang.

„Das muss der Pizzabote sein“, sagte Katharina und hüpfte aus dem Wasser. Auf dem Weg in den Flur zog sie ihren Bademantel über.

„Ausgerechnet jetzt“, flüsterte Lale enttäuscht. Nach ihrem Geschmack hätte sie noch länger mit Katharina baden können. Andererseits meldete sich ihr Magen vernehmlich. Wenn sie ehrlich war, hatte sie einen ziemlichen Hunger. So stieg sie ebenfalls aus der Wanne und begann sich abzutrocknen.

„Wie viel Geld bekommst du von mir?“, rief sie Katharina zu, die gerade die Gegensprechanlage betätigt hatte, um den Boten ins Haus zu lassen.

Katharina kam zurück ins Bad. „Nichts, lass stecken. Heute bist du mein Gast."

„Okay, danke. Aber ich werde mich revanchieren."

„Ich werde darauf zurückkommen." Katherina machte ein Petzauge und gab ihr einen launigen Klaps auf den nackten Hintern.

Nachdem sie den Boten verabschiedet hatten, gingen sie ins Wohnzimmer. Lale schlüpfte schnell in einen von Katharinas Bademäntel. Zum kompletten Anziehen waren sie beide zu hungrig.

„Was hältst du davon, wenn wir auf dem Sofa essen?", sagte Katharina.

„Gute Idee."

Schneewittchen dimmte das Licht und entzündete Kerzen.

Wäre Lale nicht bereits längst in romantischer, sinnlicher Stimmung, wäre sie es spätestens jetzt gewesen.

Auch Bela und Tiffy fanden es ansprechend. Sie hüpften auf die Couch und putzten sich ausgiebig.

Lale und Katharina setzten sich zu ihnen.

Katharina breitete eine große, dicke Decke über ihre Beine aus und mummelte sich in den weichen Stoff.

Lale legte wie Katharina die geöffnete Pizzaschachtel auf ihren Schoß und lächelte still. Das hier war so herrlich ungezwungen und gemütlich. Sie hätte an keinem anderen Ort sein wollen – und schon gar nicht ohne Katharina und die beiden Katzen. Außerdem schmeckten die heißen Teigfladen einfach köstlich.

„Magst du mal probieren?" Sie hielt Katharina ein Stück ihrer Pizza hin.

„Gerne." Schneewittchen biss ab. „Und du bei mir?"

„Ja."

Sie fütterten sich und aßen von der Pizza der anderen. Dabei tauschten sie tiefe Blicke. Wie zufällig streiften sich immer wieder ihre Hände.

In Lales Magengegend tanzten die Schmetterlinge inzwischen Techno. Gleichzeitig fragte sie sich mit wachsender Verzweiflung, was Katharina eigentlich von ihr wollte. War es der Beginn einer Beziehung, unverbindlicher Sex oder nur ein unkonventioneller Ausdruck von platonischer Freundschaft? Ja, okay, sie hatte mit ihr gefrotzelt. Sie hatte auch geflirtet. Aber es war nichts Konkretes über ihre Lippen gekommen. Warum nur ließ Schneewittchen sie dermaßen im Ungewissen?

Für sie war längst klar: Sie hatte sich über beide Ohren in Katharina verliebt. Die große Frage war jedoch: Was genau empfand Katharina?

Lale hätte sie am liebsten auf der Stelle gefragt, irgendetwas hinderte sie allerdings daran. War es die Befürchtung, sich lächerlich zu machen und zurückgewiesen zu werden? Oder lag es an der Angst, den romantischen Moment zwischen ihnen zu zerstören? Wie sehr wünschte sich Lale, ihre beste Freundin Rahel um Rat fragen zu können. Doch es war, wie es war. Sie musste da alleine durch.

Nach dem Essen rauchten sie. Die Anspannung in Lale hatte sich wieder gelegt, denn sie hatte einen Entschluss gefasst. Sie wollte endlich herausfinden, was Katharina mit ihr im Schilde führte und woran sie bei ihr war.

„Es ist ein wunderbarer Abend mit dir", flüsterte Lale rau.

„Ja, das ist er. Und so schön es auf dem Adventsmarkt auch war, bin ich mittlerweile froh über den Schneesturm. So können wir hier gemeinsam mit den Katzen chillen."

„Sehe ich genauso. Und wenn ich ehrlich bin, ist es nicht mehr so bedauerlich, dass die anderen nicht konnten", erwiderte Lale. „Selbst wenn es mir für die Mädels leidtut, dass sie krank sind beziehungsweise arbeiten müssen."

Über Katharinas Züge glitt ein feines Lächeln. „Stimmt, einerseits blöd für sie, andererseits ist es eine gute Gelegenheit, uns besser kennenzulernen."

Lale nickte. Sie wollte etwas entgegnen, aber Katharina brachte jeglichen Ton in ihrer Kehle zum Schweigen. Sie kuschelte sich an sie, dann streckten sie sich auf der Couch aus.

Lales Herz schlug bis zum Hals. Gleichzeitig jubelte jede Faser in ihr. Natürlich hatte sie noch Fragen, doch in diesem Moment fiel ihr keine einzige mehr ein. Stattdessen schmiegte sie sich enger an Katharina, roch ihren wunderbaren Duft und spürte ihre Wärme.

Bela und Tiffy beendeten indes ihre Fellpflege. Sie krabbelten auf die Decke und machten es sich auf ihren Bäuchen gemütlich. Katharina und Lale kraulten sie, was die beiden mit tiefem Schnurren quittierten.

„Ich finde es schön, dass die Katzen dich mögen. Sie sind sonst gegenüber anderen Menschen ziemlich distanziert", raunte Katharina.

„Was meinst du, woran das liegt?"

„Vielleicht an ihrer Intuition?" Mehr sagte Katharina nicht. Dafür legte sie den freien Arm um Lales Schultern.

Lale fühlte sich geborgen. Es fühlte sich einfach richtig an.

Sie blickten aus dem großen Fenster des Wohnzimmers. Es hatte inzwischen aufgehört zu schneien, und die Stadt lag unter einem friedlichen Weiß. Hell strahlten die Sterne und der Mond am Himmel. Es war unglaublich romantisch. Entfernt dachte Lale, dass sie sich eigentlich eine DVD anschauen wollten. Das hier jedoch war viel besser. Behaglich seufzte sie auf. Tiffy und Bela sahen hoch. Lale schien es, als würden die Katzen ihr zuzwinkern. Wenige Augenblicke später kletterten sie von ihnen und machten es sich zu ihren Füßen gemütlich.

Lale drehte sich von der Rückenlage auf die Seite, enger an Katharina heran. Sie fühlte sich nach wie vor unendlich geborgen in deren Armen. Versonnen betrachtete sie das schöne Gesicht.

Katharinas Hand schlüpfte unter den Bademantel und legte sich auf Lales Bauch. Die Fingerspitzen zeichneten sanft Kreise auf der nackten Haut.

Ihre Blicke versanken ineinander. Ihre Lippen näherten sich langsam.

Plötzlich gellte eine Alarmsirene in Lales Kopf. Sie hielt inne.

Das hier ging zu schnell! Nichts war zwischen ihnen geklärt. Sie wusste immer noch nicht, was Katharina eigentlich von ihr wollte – außer, dass sie für eine Nacht ihre Freundschaft auf eine erotische Ebene zu bringen gedachte. Doch was war danach? Wollte Katharina dann wieder zurück zum gewohnten Verhältnis? Oder waren es ein paar zusätzliche Nächte? Oder gar viel, viel mehr?

Andererseits waren sie schon zu weit gegangen, um am nächsten Tag noch so tun zu können, als wäre nichts zwischen ihnen gewesen. Warum also diese köstlichen Momente nicht einfach weiter genießen?

Lale entschied sich, das sinnliche Spiel fortzusetzen. Zärtlich streichelte sie über Katharinas samtenes schwarzes Haar. Ihre Augen blickten hinunter zum verführerischen Rot der fein geschwungenen Lippen.

Ja, sie verzehrte sich nach Katharina. Sie konnte nicht mehr widerstehen. Sie zog die Geliebte fester an sich, küsste sie voller Leidenschaft. Ihre Zunge drang tief in Schneewittchens Mund ein. Sie wollte sie ganz und gar spüren. Lale bemerkte, wie das Blut in ihr rauschte. Ihre Hände glitten unter Katharinas Bademantel und strichen über ihren Rücken. Wie muskulös und weich er zugleich war. Das hier fühlte sich in der Tat richtig an. War es nicht egal, was morgen war?

Katharina schmiegte sich indes enger an Lale und knabberte aufreizend an ihrem Ohrläppchen. Heiser raunte sie: „Das wollte ich schon so lange tun. Mit dir."

„Und ich mit dir."

Das waren Lales letzte Gedanken, bevor sie sich vollkommen ihrem Begehren unterwarf.

Katharinas Lippen wanderten zurück vom Ohr über ihre Wange zum Mund. Lale sehnte sich danach, ihre Zunge zu spüren. Schneewittchen erfüllte ihr den Wunsch mit einem leidenschaftlichen, drängenden Kuss.

Lale konnte nicht genug davon bekommen, sie zu fühlen, zu schmecken, von ihr berührt zu werden. Sie brannte lichterloh.

„Warte."

Mit allergrößter Mühe unterdrückte Lale ein Aufstöhnen. Was hinderte Katharina, auf einmal weiterzumachen?

Diese nahm ihr Gesicht in beide Hände. „Nenn mich spießig. Aber ich hätte ungern dabei Zuschauer." Sie machte eine

Kopfbewegung zu Tiffy und Bela, die weiterhin am Fußende des Sofas lagen.

„Oh."

„Lass uns lieber ins Schlafzimmer gehen."

„Klar, natürlich." Lale wurde rot. An die Katzen hatte sie nicht mehr gedacht.

Sie nahm Katharinas angebotene Hand, stand auf und verließ mit ihr den Raum.

Kaum hatten sie das Schlafzimmer erreicht, streiften sie sich langsam ihre Bademäntel von den Körpern. Lale spürte, wie sich eine gewaltige Hitze in ihrem Schoß ausbreitete. Eine Hitze, die sie mit jedem Augenblick mehr ergriff. Instinktiv umschlang sie Schneewittchens Taille und zog sie an sich.

„Du bist einfach unbeschreiblich", hauchte sie rau.

Zur Antwort legte Katharina ihre Arme um sie und begann zärtliche Küsse auf ihr Gesicht zu verteilen.

Es dauerte nicht lange, bis sie aufs Bett sanken – küssend, streichelnd. In immer wilderer Begierde. Haut an Haut.

Katharinas Mund wanderte von Lales Lippen zu ihren Brüsten. Sie zog vor Lust scharf die Luft ein, als Schneewittchen ihre Knospen küsste und an ihnen knabberte, die sich dadurch aufrichteten. Lale gab sich Katharinas Mund und ihren Händen voll und ganz hin. Sie loderte förmlich, bäumte sich vor Ekstase auf. Und plötzlich war Katharina in ihr, liebkosend und fordernd. Lale drängte sich dem Druck der Finger entgegen. Die Wellen der Lust wurden immer stärker und stärker. Bis sich in einem wilden Schrei ihr Orgasmus entlud.

Doch das war nur die erste Etappe. Nachdem sie wieder zu Atem gekommen war, legte sie sich auf Katharina. Sie küsste und streichelte jeden Zentimeter dieses wunderbaren Leibs – bedächtig und langsam ging sie dabei vor. Sie wollte sie erforschen, sie in erregendes Verzücken treiben und ihren Körper zum Erklingen bringen. All ihre Sinne waren von Schneewittchen erfüllt. Sie selbst keuchte laut, als Katharina sich auf dem Gipfel allen Empfindens aufbäumte.

Ihre Lust aufeinander war aber nach wie vor nicht versiegt. Immer und immer wieder versetzten sie sich in sinnliche Wonnen. Sie sprachen kein Wort dabei. Es war nicht die Zeit für lange Reden und große Erklärungen. Es zählte ausschließlich ihre Leidenschaft, sonst nichts.

Nachdem sie schließlich nach Stunden voller wilder und zärtlicher Erotik den letzten Gipfel bestiegen hatten, kuschelten sie sich unter die Decke.

Lale legte den Kopf auf Katharinas Brust und fühlte sich unendlich geborgen.

Katharina schlang die Arme um sie und küsste ihre Schläfe. „Bitte bleib bei mir heute Nacht", flüsterte sie. „Nach diesem Erlebnis möchte ich dich noch länger spüren."

„Ja, mir geht es genauso."

Kurz darauf schlief Katharina ein.

Lale lauschte den regelmäßigen Atemzügen, bis auch sie ermattet eindöste.

✦

Am nächsten Morgen

„Miau."

Was war das? Lales Bewusstsein erhob sich träge aus der Welt des Schlafes.

„Uff."

„Miau!"

Woher kam dieses Mauzen? Lale gähnte herzhaft, während ihr Hirn die Geräusche verarbeitete.

Und wieder erklang es: „Miau!"

Dieses Mal zweistimmig und lauter.

Nun war Lale endgültig wach. Blinzelnd öffnete sie die Augen und sah geradewegs in die pelzigen Gesichter von Bela und Tiffy, die sie aufmerksam musterten.

„Guten Morgen, ihr zwei", raunte sie liebevoll.

„Hey, hallo, werde ich nicht begrüßt?", klang eine empörte Stimme an ihr Ohr.

Lale wandte sich zur Seite. Ein strahlend blaues Augenpaar blickte sie in gespielter Empörung an.

„Ich bin schließlich auch noch da", brummte Katharina und grinste.

„Guten Morgen", antwortete Lale pflichtschuldigst. „Sorry. Ich habe gedacht, du würdest noch schlafen."

„Wie denn, wenn ich als Landeplatz von diesen springenden Bestien benutzt werde?"

„Dann war von dir dieses ‚Uff'?"

„Genau." Katharina strich der rothaarigen Tiffy sanft über den Kopf, die es sich auf ihrem Bauch gemütlich gemacht hatte.

Bela legte sich derweil auf Lale. Sie kraulte seine Kehle, was der Kater mit zufriedenem Schnurren quittierte. Wie am gestrigen Abend war sie von den beiden Tieren überaus angetan. Ihre Gedanken kreisten schon wieder um ihr Frauchen und deren Absichten – von Sekunde zu Sekunde stärker.

Sie hatten eine traumhafte Liebesnacht miteinander gehabt. Aber wie ging es nun weiter?

Lale spürte die bange Spannung in sich geradezu körperlich. Würde Katharina womöglich zurück auf den Freundinnenmodus schalten?

„Die haben dich wirklich richtig lieb gewonnen“, sagte Katharina.

„Und ich sie. Ich mag generell Katzen absolut gerne, aber in die bin ich sogar vernarrt.“ Es war die Wahrheit. Was jedoch noch viel wahrer war: Lale war noch mehr in ihr Frauchen vernarrt.

„Mich freut es total, dass sie dich als neues Rudel-Mitglied integriert haben“, sprach Katharina in feierlichem Ton.

Lale deutete eine Verbeugung gegenüber den Tieren an. „Ich fühle mich geehrt.“

„Das kannst du auch.“

„Wieso?“ Lale setzte sich auf. Sie spürte, dass Schneewittchen auf etwas Bestimmtes hinauswollte.

Katharina atmete laut aus. „Ich glaube, jetzt ist es an der Zeit, dir so manches zu erklären.“

„Was denn?“ Sie schluckte.

„Tiffy und Bela sind seit einiger Zeit meine Berater in Bezug auf Frauen. Mit meiner Exfreundin waren sie nie warm geworden. Und das aus gutem Grund. Sie mochte keine Katzen und versuchte mich zu dominieren. Danach habe ich mir geschworen, dass Tiffy und Bela stets ein gewisses Mitspracherecht haben, wenn es darum geht, eine Frau näher kennenzulernen. Sie sind nämlich ziemlich scheu. Wenn sie jemanden mögen, nehme ich das als ein zusätzliches positives Zeichen."

„Heißt das ..." Lale wagte nicht, den Satz zu beenden.

„Ja, ich habe mich in dich verliebt", nickte Katharina ernst.

Lale traten Tränen des Glücks in die Augen. Katharina hatte also die ganze Zeit das Gleiche wie sie gewollt – wollte es immer noch.

Überwältigt hauchte sie: „Und ich habe mich in dich verliebt."

„Es tut mir leid, weil ich dich so lange im Unklaren gelassen habe. Aber ich wusste ja nicht, ob du auch etwas für mich empfindest", rechtfertigte sich Katharina. „Ich wollte dich darüber hinaus nicht bedrängen ..."

„Schon gut." Lale unterbrach die Freundin und gab ihr einen zärtlichen Kuss auf den Mund.

Katharina erwiderte ihn. Ihre Lippen und Zungen fanden sich zu einem Reigen.

Dann löste sie sich ein Stück von Lale: „Ich muss dir noch etwas beichten."

„Was denn?"

Katharina errötete bereits, bevor sie mit ihrer Rede anfing. „Ich hab gewusst, dass Rahel und Steffi krank sind. Sie hatten mir auch eine Mail geschrieben. Daraufhin habe ich Nicole für gestern abgesagt. Sie hatte nämlich keinen Bereitschaftsdienst. Ich wollte mit dir allein den Abend auf dem Adventsmarkt verbringen."

„Oh, also, das finde ich jetzt ... also … irgendwie süß", entfuhr es Lale überrascht. Ja, süß war es in der Tat. Und es machte sie noch glücklicher, als sie schon war. Denn es bedeutete, dass

Katharina bereits seit geraumer Zeit in sie verliebt war. Sie wollte wie sie eine feste Beziehung.

„Bist du wirklich nicht durch meine Aktion befremdet, Lale?“

„Nein, bin ich nicht. Es diente schließlich einem guten Zweck, Liebling.“ Lale zog Katharina wieder an sich und küsste sie. Lange und innig. Schneewittchen schmiegte sich an sie.

Doch die Katzen stupsten sie mit lautem Miauen an. Gebieterisch starrten sie auf sie.

„Da haben wohl zwei einen ordentlichen Hunger“, lachte Lale.

„Ja, meine Kleinen können ganz schöne Tyrannen sein.“ Hilflos zuckte Katharina mit den Schultern. „Daran wirst du dich in Zukunft gewöhnen müssen.“

„Wenn es nur das ist. Dann müssen wir halt aufstehen und Frühstück machen.“ Lale gab ihr einen letzten innigen Kuss auf die verführerischen Lippen. „Schließlich will ich doch meine beiden Fürsprecher nicht verärgern!“

Der schrecklichste Tag des Jahres

Rums.

Das Zuschlagen der Wohnungstür oben im 3. Stock riss Meike aus ihrem süßen Traum. Unwillkürlich zog sie die Decke mit geschlossenen Lidern über den Kopf.

Bum, bum ...

Das Poltern von schweren Schritten die Treppe hinunter vertrieb sie Sekunden später weiter aus der Bettruhe. Gequält öffnete sie die Augen.

„Frohe Weihnachten! Wünsch euch allen eine schöne, besinnliche Zeit!“, hallte ein Schlachtruf, der Meike endgültig aufschrecken ließ.

Tom Müller grölte den Gruß, wie er sonst einen Sieg der Männerfußball-Nationalmannschaft bejubelte – mit dröhnendem Bass, in voller Lautstärke und ohne Rücksicht auf diejenigen, die ihren freien Tag mit etwas Besserem zu verbringen wussten als mit nervtötendem, penetrantem Ballkicken oder Begehen des sogenannten Fests der Liebe.

Neben sich vernahm Meike ein kehliges Aufstöhnen. Sie wandte sich zu dem Geräusch hin und schaute geradewegs in Zoras grünes Augenpaar, das zu Schlitzen verengt war und genauso genervt dreinblickte, wie sie sich fühlte.

Derweil erzählte Tom Müller im Flur den Etagennachbarn seine Pläne für die nächsten drei Tage, und der tat es ihm ebenso laut nach. An Schlaf war fürs Erste nicht mehr zu denken.

Sie sah auf den Wecker. Es war acht Uhr morgens. Warten auf ein Ende des Gesprächs der Störenfriede hatte keinen Sinn. In einer halben Stunde musste sie sowieso aufstehen.

„Ihr blöden Ärsche, ich wünsch' euch ein beschissenes Weihnachtsfest", brummte Meike wütend. Ihr Groll auf die Männer im Flur wurde nicht weniger, als die verkündeten, über die Feiertage nicht im Haus zu sein.

Frustriert setzte sie sich im Bett auf und gähnte.

Zora sprang auf ihren Schoß. Ihre grünen Augen blickten jetzt munter und liebevoll. Es war eindeutig, was die kleine Katze wollte.

Das Frauchen fügte sich ihrem Willen und strich ihr sanft über das rot gescheckte Fell. Seltsam überrascht merkte Meike, dass ihr die Streicheleinheiten selbst guttaten.

„Du hast recht, wir Weihnachtsopfer müssen zusammenhalten", flüsterte sie dem schnurrenden Tier zu. Gemeinsam schaffen wir es, den schrecklichsten Tag des Jahres zu überstehen."

✦

Viertel vor neun.

Missmutig schob Meike den Einkaufswagen durch die Gänge des Supermarkts. Das Gedränge war zwar nicht so schlimm wie befürchtet, trotzdem wollte sie so schnell wie möglich hier raus. Aus den Lautsprechern dudelten unaufhörlich Weihnachtslieder.

Verzweifelt hoffte Meike, dass die Marktleitung endlich eine Durchsage der Sonderangebote, eine Verkäuferin an Kasse XY beordern oder irgendetwas machen würde, damit sie eine Verschnaufpause bekäme. Vergeblich. Ohne Unterlass spielten sie diesen Weihnachtskitsch, der ihr spätestens seit dem zweiten Advent aus den Ohren herauskam.

Es war nicht so, dass Meike eine fanatische Weihnachtshasserin gewesen wäre. Eigentlich lebte sie nach der Maxime „leben und leben lassen", aber was genug war, war genug. Sie arbeitete als Erzieherin in einem Kindergarten, und als solche bekam sie den alljährlichen Bastel-, Lieder- und Back-Overkill des Fests in voller Breitseite mit – tagtäglich, die gesamte Arbeitszeit. Es kotzte sie an.

Gewöhnlich mied Meike es daher am heutigen 24. Dezember aus dem Haus zu gehen, doch sie tat es Lena zuliebe, denn die hatte sie gebeten, für sie einzukaufen.

Der Gedanke daran, wie sich die brünette Enddreißigerin dafür erkenntlich zeigen würde, ließ sie anzüglich grinsen. Es verging ihr aber im nächsten Moment.

Meike war gerade in der Süßigkeiten-Abteilung, als eine etwa Fünfjährige quengelnd am Mantelärmel ihrer Mutter zog. „Mama, Mama, wir brauchen noch Futter. Das Christkind schenkt mir bestimmt ein Kätzchen."

„Lara-Joy, du hast so vieles auf deinem Wunschzettel, alles kannst du nicht erfüllt bekommen", erwiderte die geduldig.

„Aber ich will eine Miezekatze zum Spielen und Liebhaben!" Wütend stampfte das Mädchen mit dem Fuß auf.

Rasch entfernte sich Meike. Sie kannte sich. Hätte sie es nicht getan, wäre sie sonst ungefragt in die Diskussion eingestiegen.

Sie hätte diesem Gör gesagt, dass ein Tier kein Spielzeug war, sondern auch seine Bedürfnisse hatte, und dass es böse und falsch war, es einfach auszusetzen, wenn es dann lästig wurde.

Genau dieses Schicksal war Zora vor einem Jahr widerfahren. Bei einem Neujahrsspaziergang hatte Meike das rothaarige Baby-Kätzchen im Wald gefunden. Vor Kälte mehr tot als lebendig. Eben rechtzeitig war sie mit ihm zum Tierarzt gefahren und hatte es schließlich bei sich aufgenommen. Seitdem waren sie ein eingeschworenes Team. Zora hatte also Glück gehabt – andere tierische Weihnachtsgeschenke nicht, und so würde es ebenso heuer sein.

Niedergeschlagen seufzte Meike auf und tat es wenige Sekunden später erneut. Dieses Mal genervt, denn ein schriller Frauenchor begann über den Supermarkt-Lautsprecher Jingle Bells zu schmettern.

Meike nahm eine Packung Reis aus dem Regal und zischte durch die Zähne: „Heute ist wirklich der schrecklichste Tag des Jahres."

✦

Um elf Uhr seufzte Meike wieder. Jedoch lauter als im Supermarkt und vor allem nicht aus einem negativen Grund. Ganz im Gegenteil. Es war ein sehr sinnlicher Anlass.

Dr. med. dent. Lena Henning-Schwarz liebkoste mit ihrer Zunge so hingebungsvoll ihre Brüste, dass das Seufzen schon bald von erregtem Stöhnen abgelöst wurde. Der Unbill des bisherigen Tages hatte sich in Wohlgefallen aufgelöst, seit die Geliebte in die

Wohnung getreten war und Meike mit einem leidenschaftlichen Kuss begrüßt hatte.

Nun wanderte Lenas Hand nach unten. Sie verweilte aufreizend streichelnd beim Bauch, bis sie ihren Weg zu Meikes pulsierender Mitte fand. Geschickte Finger trieben die Erzieherin weiter in wilde Ekstase. Sie wand sich voller Geilheit, und ihr Stöhnen wandelte sich zu Lustschreien, als Lena in zärtlicher Bestimmtheit ihre Perle verwöhnte. Der köstliche Druck intensivierte sich, stärker und stärker, bis Meike letztendlich keuchend und wimmernd den Gipfel erreichte.

Hinterher schmiegte sie sich schwer atmend an ihre Geliebte. Sie lauschte dem ruhigen Herzschlag und dachte schmunzelnd, dass der heutige Heiligabend doch kein so übler Tag war.

Doch die süße Trägheit sollte nicht lange andauern.

Lena küsste sie auf den Mund. Dieses Mal lag keine Leidenschaft in der Berührung. Meike ahnte: Es läutete den Abschied ein.

Und so war es auch.

Lena schälte sich aus der Umarmung und stand aus dem Bett auf. In einer anmutigen Bewegung schüttelte sie das lange, braune Haar, ehe sie anfing, ihre Kleider zusammenzusuchen. „Ich bin wirklich froh, dass es heute mit uns geklappt hat. Selbst wenn du und ich nur jeweils einmal auf unsere Kosten gekommen sind."

„Da muss ich wohl demnächst erneut eine persönliche Elternsprechstunde anberaumen."

Es war eine Anspielung darauf, wie sie und die Zahnärztin sich kennengelernt hatten. Lenas Sohn Maximilian war in ihrer Kindergartengruppe, und weil der Vierjährige mit einem kleinen Kumpel absichtlich eine Toilette verstopft hatte, war ein Treffen vereinbart worden. Ein Treffen, bei dem sie schnell merkten, dass sie neben der Fürsorge für den Jungen noch etwas anderes gemeinsam hatten – die gegenseitige sexuelle Anziehungskraft.

Seit September lief nun ihre Affäre, und außer heimlichen erotischen Verabredungen ab und zu hatte sich keine tiefer gehende Bindung zwischen ihnen entwickelt.

Nachdenklich sah Meike zu, wie Lena in ihre teure, schwarze Spitzenunterwäsche schlüpfte. Die Zahnärztin zeigte gern, was sie hatte – und das betraf nicht allein ihre körperlichen Vorzüge. Meike wusste, dass vor ihrem Haus Lenas nigelnagelneuer BMW stand. Und auch die hellblaue Seidenbluse, die ihre Geliebte sich gerade überstreifte, zeugte von deren Wohlstand. Die Praxis brummte, und das dicke Gehalt des Ehemanns Professor Dr. Martin Schwarz brachte zusätzlich Cash. Man konnte mit Fug und Recht behaupten, dass Lena in einer Luxus-Welt lebte. Eine Welt, die sie niemals aufgeben würde und die umgekehrt nicht Meikes war.

Nein, außer dem quirligen Lausbuben Maximilian und der Erotik hatten sie nichts gemein. Und auch diese beiden Umstände würden nicht von Dauer sein. In rund anderthalb Jahren kam Lenas Sohn in die Schule. Irgendwann sollte die Liaison ebenfalls nicht mehr zu Meikes Leben gehören. Für ihren Teil hatte sie die nur gestartet, weil sie bereits seit ewigen Monaten Single war und ihr Liebesleben damit brachlag. Lena andererseits hatte das sinnliche Abenteuer gesucht, das die Langeweile ihrer Ehe und ihres Daseins als zweifache Mutter aufpeppen sollte. Es war also lediglich eine Frage der Zeit, wann sie sich trennen würden. Ein Fakt, der Meike nicht gerade mit großer Trauer erfüllte.

In der Zwischenzeit hatte sich Lena fertig angezogen. Sie stand in ihrem feinen Kaschmir-Mantel und ihren hochhackigen Designer-Stiefeln vor dem Bett. „So, Süße, ich muss mal wieder los. Hast du die Sachen besorgt?“

„Hab ich. Sie sind in der Küche.“

„Sehr schön. Danke.“ Sie nickte befriedigt und grinste über das ganze Gesicht. „Immerhin war der Einkauf das Alibi vor meiner Familie, dass ich dich besuchen konnte.“

Meike erwiderte nichts darauf. Sie schwang ihren nackten Körper von der Matratze, warf sich ihren Bademantel über und marschierte in den Nebenraum. Dort überreichte sie Lena die beiden vollgepackten Tüten und die Quittung. Die drückte ihr einen 50-Euro-Schein in die Hand.

„Den Rest kannst du für die Mühe behalten.“

„Okay.“ Meike legte die Banknote auf den Tisch. Sie konnte sich nicht dafür bedanken. Das Trinkgeld war viel zu üppig und brachte ihr schlagartig ein schales Gefühl. Der Einkauf hatte lediglich knapp fünfunddreißig Euro gekostet.

Lena hingegen war bester Laune. Lächelnd küsste sie Meikes Lippen. „So, ich fahr jetzt. Wir haben noch viel für nachher vorzubereiten, und meine Kinder wollen unbedingt, dass ich mit ihnen gemeinsam den Baum schmücke.“

„Tschüss, mach’s gut“, brummte Meike.

„Du auch.“ Es gab von Lena einen letzten flüchtigen Kuss, und bevor sie die Wohnungstür hinter sich schloss, kam das unvermeidliche „Frohe Weihnachten!“

Meike erwiderte den Gruß nicht. Gähnend schlurfte sie zurück ins Schlafzimmer und schmiss sich aufs Bett. Da jetzt der Platz neben ihr wieder frei war, hüpfte Katze Zora auf die Matratze.

Traurig lächelte Meike sie an. „Ach, meine Kleine, gell, du kennst ebenfalls das Gefühl, benutzt worden zu sein."

Das Tier rieb sein pelziges Köpfchen an ihrem Arm. Es tröstete sie ein wenig und sie kraulte Zoras Kehle.

Ehe ihr die Augen vor Müdigkeit zufielen, flüsterte sie matt: „Eigentlich sollte man sich doch nach dem Sex zufrieden fühlen. Heute ist es aber nicht so. Es ist halt der schrecklichste Tag des Jahres."

✦

Gegen drei Uhr nachmittags wachte Meike auf. Der Schlaf hatte den Frust wegen Lenas Verhalten ein ordentliches Stück abgemildert. Sie konnte sogar fast behaupten, dass sie jetzt gut gelaunt war.

Rasch rief sie ihre Eltern an, um ihnen brav ein frohes Fest zu wünschen. Die lamentierten herum, weil sie nicht mit ihnen den Heiligabend verbringen wollte. Meike wiederholte ihre Notlüge, dass sie einer einsamen Freundin beistehen müsse und darum unmöglich kommen könne. Nach dem Telefonat beglückwünschte sie sich selbst. Natürlich liebte sie ihre Familie, aber über Stunden Weihnachtslieder lauschen und schließlich die katholische Christmette besuchen zu müssen, war einfach zu viel verlangt. Zum Glück war sie dem dieses Jahr entronnen.

Jetzt konnte der gemütliche Teil des 24. Dezember beginnen. Chillen war angesagt. Meike fütterte die hungrige Zora, dann legte sie eine DVD parat, die sie sich am Abend reinziehen wollte. Sie hatte sich einen Science-Fiction-Film herausgesucht, der absolut nichts mit Weihnachten und kitschiger Besinnlichkeit zu tun hatte. So sollte es sein.

Pfeifend stellte sie sich unter die Dusche und brauste sich ausgiebig ab. Es war ihr, als würde sie sich den ganzen Ärger, Verdruss und all die anderen negativen Dinge des heutigen Tags abwaschen. Es fühlte sich wundervoll an.

Danach lümmelte Meike mit Zora auf der Couch. Sie spielten gemeinsam mit einer Stoffmaus. Als sie beide in stillem Einverständnis genug hatten, machte es sich die Katze auf ihrem Bauch bequem, während sie nachlässig in einer Illustrierten blätterte. So langsam würdigte Meike den Heiligabend. Niemand wollte etwas von ihr, es gab keine Aufgaben zu erfüllen, lediglich herumgammeln war die Devise.

Nachher, wenn sie irgendwann Hunger bekam, würde sie sich eine Pizza in den Ofen schieben. Kochen hatte sie heute nämlich auch nicht im Sinn.

Doch es sollte eine böse Überraschung geben.

Gerade las sie einen Artikel über die aktuellsten Party-Trends im fernen Tokio, als es ein lautes Knacken gab und das Licht im Wohnzimmer erlosch.

„Ich habe doch erst letzte Woche eine neue Birne hineingedreht“, fuhr Meike ungehalten auf. Sie ging in den Flur und betätigte dort den Schalter. Aber es blieb dunkel.

Kein gutes Zeichen.

Sie eilte an den Kühlschrank, öffnete ihn und blickte völliger Finsternis entgegen. Als Nächstes schaltete sie das Radio ein. Keine Reaktion.

Alarmiert lief sie an den Stromkasten. Dort sah sie, dass noch alle Sicherungen drin waren. Was war also der Grund für den Elektrizitätsausfall?

Meike zückte ihr Smartphone und versuchte den Hausmeister anzurufen. Erfolglos. Er telefonierte gerade. Sie machte einen Schritt ins Treppenhaus. Vom ersten Stock her hörte sie Frau Blunerts Stimme, die jammernd rief: „Was soll ich denn jetzt ohne Fernseher machen?"

Diese Frage stellte Meike sich selbst. Den anregenden DVD-Abend sowie warmes Essen konnte sie ohne Strom knicken.

Fluchend schaffte sie eine Stunde später die Lebensmittel aus dem tropfenden Kühlschrank auf den Balkon. Zora strich ihr maunzend um die Beine, sodass Meike beinahe über sie fiel.

„Verdammt, ein gebrochener Arm fehlt mir noch! Hau ab!"

„Miau!" Die Katze sprang zur Seite und schaute sie halb erschrocken, halb vorwurfsvoll an.

„Ach, tut mir leid, Kleine." Meike strich ihr entschuldigend übers Fell. „Hab's nicht böse gemeint. Heute läuft halt nichts, wie ich es mir vorstelle."

Sie hatte es kaum ausgesprochen, da klingelte ihr Mobiltelefon. Es war der Hausmeister.

„Hallo, Frau Tiedgen. Manfred Alt hier. Ich habe eine schlechte Nachricht. Unser Haus hat bis morgen früh keinen Strom. Der Energieversorger kommt erst dann dazu, den Schaden zu reparieren ..."

Lang und breit erzählte er, welche furchtlosen Schritte er unternommen hatte.

„Da kann man nichts machen. Danke für die Info", schnitt Meike ihm ungeduldig das Wort ab. „Tschüss, Herr Alt."

Sie warf ihr Smartphone auf die Couch.

Verdutzt starrte Zora zu ihr hoch.

Meike ließ sich auf einen Stuhl plumpsen und blickte Rat suchend ihre Katze an. „Was sollen wir den ganzen Abend tun? Um zeitig ins Bett zu gehen, bin ich zu ausgeschlafen. Auf meinem Laptop ist nur noch für eine halbe Stunde Saft im Akku. Heute ist echt der schrecklichste Tag des Jahres."

✦

Draußen hörte Meike die Kirchturmuhr die Gläubigen zur 18-Uhr-Messe läuten. Ihre Laune war inzwischen nicht wesentlich gestiegen. Zwar hatte sie ihre Wohnung halbwegs durch Kerzen beleuchtet, aber befriedigend war das nicht. Mit einer Frau an ihrer Seite wäre das vielleicht romantisch gewesen, so aber beileibe nicht. Sie dachte an Lena, die gerade mit Mann und den zwei Kinderlein ein pompöses Weihnachtsfest zelebrierte.

Trübselig streckte sie der fernen Geliebten die Zunge raus, während sie das labbrige Toastbrot aus dem Küchenschrank nahm.

„Tolles Abendessen ist das."

Zora schlapperte mit großem Appetit ihr Mahl.

„Wenigstens du kannst dein Fressen genießen", brummte Meike und machte sich lustlos daran, ein Sandwich zu schmieren. Damit würde sie sich auf das Sofa lümmeln und einen Roman auf ihrem E-Book-Reader lesen. Zumindest der versprach anregend zu sein.

Sie fischte gerade eine Gewürzgurke aus dem Glas, als jemand an der Wohnungstür klopfte.

„Welche Nervensäge ist das schon wieder?"

Sie schlurfte in den Flur und öffnete.

„Guten Abend, Frau Tiedgen."

„Hallo." Stirnrunzelnd blickte Meike auf die Frau mit der Taschenlampe und fuhr sich über ihre dunkle Mecki-Frisur.

Sie hatte sie vorher noch nie gesehen. Garantiert hätte sie sich an eine Begegnung erinnert – an dieses frische Gesicht mit den kornblumenfarbenen Augen, soweit sie das im Dunkeln sehen konnte, und lockigen, rotblonden Haaren, die bis zu den Schultern reichten. An dieses mitreißende Lächeln, obwohl es am heutigen Tag bislang nichts zu lachen gab.

Die Erinnerung daran ließ Meike abrupt fragen: „Woher kennen Sie meinen Namen?"

„Er steht auf dem Wohnungsschild", antwortete die Fremde mit stoischer Freundlichkeit. „Entschuldigen Sie, ich habe mich nicht vorgestellt. Antje Sotelsek heiße ich. Ich wohne seit dem 15. hier im ersten Stock."

Aha, darum trug sie also keine Jacke und hatte Pantoffeln an den Füßen. Meike nickte. „Womit kann ich helfen?"

„Ich habe vergessen, Weißwein zu besorgen. Den bräuchte ich zum Kochen. Könnte ich welchen bei Ihnen ausborgen oder abkaufen?"

Irritiert krauste Meike erneut die Stirn. „Im Prinzip gerne, doch wir haben Stromausfall im Haus. Wie wollen Sie da etwas Warmes zubereiten?

Jetzt war das Lächeln triumphierend. „Ich mache Käsefondue, dafür brauche ich nur Zündhölzer für den Topf."

„Ah, wenn das so ist, kommen Sie rein. Ich suche Ihnen eine Flasche raus.“ Meike wies mit ihrem Arm in die Wohnung und versuchte tapfer zu wirken. Während sie sich mit weichem Toastbrot begnügen musste, labte sich die Nachbarin an einem leckeren Gericht. Die Welt war wirklich ungerecht.

„Danke, Sie sind meine Rettung.“ Frau Sotelsek trat ein und wurde sofort von Zora begrüßt, die ihr ganz herzlich um die Beine strich. „Oh, du bist aber mal ein süßes Kätzchen.“

Sie kraulte das Tier, während sie weiter unwissentlich in Meikes Wunden bohrte. „Es ist ein Original-Rezept aus der Schweiz. Ich hab’s vor Jahren mitgebracht, als ich dort ein Praktikum gemacht habe. Echter Greyerzer und Emmentaler Käse gehören hinein. Wein und Kirschschnaps dürfen natürlich ebenso nicht fehlen. Zusammen mit Bauernbrot ist’s ein Gedicht.“

Meike schluckte hart. Sie holte die Flasche und reichte sie der Rotblonden. „Hier bitte. Ich wünsche Ihnen guten Appetit.“

Sie musste dabei dermaßen bedürftig geschaut haben, dass Frau Sotelsek stutzte. „Was essen Sie eigentlich an diesem Abend?“

„Gleichfalls Käse, jedoch auf Toastbrot.“ Sie sagte es wahrscheinlich eine Spur zu bedauernd.

„Das geht ja wohl gar nicht! Heute ist schließlich Heiligabend“, rief die Nachbarin vehement aus. „Wissen Sie was? Kommen Sie doch mit. Ich habe genug. Es gibt auch Salat dazu.“

Völlig überrumpelt erwiderte Meike: „Danke. Das ist ... ähm, sehr nett. Aber, ähm, tja, ich will meine Katze nicht alleine lassen. Ich war den ganzen Tag weg.“

„Wenn das das einzige Problem ist“, grinste Frau Sotelsek und streichelte dem schnurrenden Tier über das Köpfchen. „Dann kommt die Mieze einfach mit.“

Zora, die Verräterin, schmiegte sich zugleich eng an ihre neue Freundin.

„Schauen Sie, Frau Tiedgen, die Kleine hat die Einladung schon angenommen.“

Diese Frau war wirklich penetrant, dachte Meike und überlegte fieberhaft nach einer weiteren Ausrede. Doch es gab einen zweiten Verräter – ihr Magen. Er grummelte so vernehmlich, dass sie kapitulierte.

„Gut okay, wir kommen beide. Vielen Dank. Ich habe noch eine Schachtel Lebkuchen, die bringe ich zusätzlich mit.“

„Super, die mag ich gern. Feiern wir also Heiligabend zusammen. Ich freue mich.“ Antje Sotelsek strahlte sie mit geradezu kindlicher Begeisterung an.

Irgendwie brachte das Meike dazu, ebenfalls zu lächeln – jedoch resigniert. Sie wollte kein Weihnachtsfest. Und schon gar nicht mit dieser unangenehm fröhlichen Person. Selbst, wenn die noch so attraktiv war. Doch sie war so übertölpelt, dass sie nur zwei Dinge hoffen konnte. Erstens – das Essen war es wert. Zweitens – dieser schrecklichste Tag des Jahres würde rasch vorübergehen.

Zu dritt stiegen sie von der zweiten in die erste Etage die Treppe hinunter. Meike hielt Zora auf dem Arm, und Frau Sotelsek trug sowohl die Taschenlampe als auch eine Tüte mit Katzenfutter, Lebkuchen und die Flasche Weißwein.

„Da hat dieser Stromausfall wirklich sein Gutes. So lernt man sich im Haus mal richtig kennen. Ist ja sonst alles so anonym", plapperte Frau Sotelsek, die vorausging.

Meike streckte ihr die Zunge raus. Nur wegen ihres knurrenden Magens tat sie sich diese Gesellschaft an. Für ihren Teil gab es nicht das Bedürfnis, sich mit der Nachbarschaft anzufreunden. Sie wollte ihre Ruhe haben.

„Ja, es ist eine wunderbare Gelegenheit, und das noch zu Heiligabend", erwiderte sie süffisant.

Antje Sotelsek bemerkte die Ironie nicht. Sie drehte sich stattdessen zu ihr um und meinte sanft: „Es ist schön, dass Sie das genauso sehen."

Dabei blickte sie so liebenswürdig, dass Meike direkt ein schlechtes Gewissen bekam. Doch das sollte so schnell vergehen, wie es gekommen war, als sie die Wohnung betraten.

„Hallo miteinander. Na, das ist mal eine freudige Überraschung! Jetzt sind wir eine richtige Weihnachtsrunde", begrüßte sie die alte Frau Blunert. Sie tippelte zu Meike und Zora und streichelte das Tier. „Du bist ja ein ganz hübsches Miezekätzchen."

Meike unterdrückte ein gequältes Aufstöhnen. Sie wusste im Moment nicht, was schlimmer war, der aufdringliche Geruch von Kölnisch Wasser, der ihr in die Nase stieg, oder die grelle Stimme der Hausnachbarin.

Zora, die sich heute in der Rolle der Verräterin gefiel, schloss gleich Kameradschaft mit Roswitha Blunert und quittierte die Liebkosungen mit lautem Schnurren.

Grollend ließ Meike sie auf den Boden springen.

Die Gastgeberin strahlte über das ganze Gesicht. „Ich glaube, das wird ein wunderschöner Abend."

„Bin ganz Ihrer Meinung." Die Alte nickte eifrig und riss die Augen aufgeregt auf. „Wie wär's? Wollen wir uns nicht duzen? Ein ungezwungenes Fest ist doch viel schöner als ein förmliches."

„Gute Idee, ich bin Antje." Voller Überschwang umarmte sie erst Roswitha und dann Meike, der sie sogar zwei Küsschen auf die Wange gab.

Wenig begeistert schloss Meike auch die Alte in die Arme, wobei sie einen erneuten Schwall des Parfums abbekam. Sie tat sich in diesem Moment unendlich leid. Heute war nicht nur der schrecklichste Tag des Jahres, er hatte gute Chancen der des ganzen Jahrzehnts zu werden.

✦

Eine halbe Stunde später war Meikes Laune deutlich besser. Ein altes Grammophon, das Roswitha aus ihrer Wohnung besorgt hatte, spielte leise dezenten Jazz. Zora lag zusammengerollt auf dem Sofa und döste. Das Käsefondue köchelte auf dem kleinen Töpfchen. Sie hatte die ersten Gäbelchen der leckeren Speise vertilgt und auch Antjes gemischter Salat schmeckte vorzüglich. So war sogar das angeregte Geschnatter Roswithas und der Gastgeberin erträglich – wie gleichfalls die kitschigen, weihnachtlichen Holzfiguren, die im gesamten Zimmer bei Kerzenschein aufgestellt waren.

Die Älteste in der Runde erzählte gerade einen langatmigen Behandlungsbericht über ihre Arthrose im Knie, was Meike die Gelegenheit gab, heimlich Antje eingehender zu betrachten. Ihr fielen die Sommersprossen im Gesicht auf. Sie fand sie hinreißend. Wie auch die Grübchen in den Wangen, die sich zeigten, wenn sie lächelte. Nun, da Meike nicht mehr so mies drauf war, musste sie zugeben, dass sie das Lächeln anziehend fand. Es war nicht aufgesetzt, sondern wirkte aufrichtig und betörend. Wie die gesamte Frau, zu der es gehörte.

Meike überkam das Bedürfnis, etwas Nettes zu sagen. Gleichzeitig erwachte in ihr der Wille, mehr von Antje zu erfahren. Sie nutzte eine Redepause von Roswitha. „Das Essen ist wirklich toll. Du meintest, das Rezept stammt aus der Schweiz, wo du ein Praktikum gemacht hast. Was war es für eins?"

„Danke für das Kompliment." Antje errötete, soweit man das im Kerzenschein erkennen konnte. „Ich bin Hotelkauffrau und habe dort eine Weiterbildung absolviert. Ist schon lange her. Danach bin ich in meine thüringische Heimat zurück."

Die Antwort machte Meike noch neugieriger. „Ich möchte nicht indiskret sein, aber wieso bist du hierhergezogen? Gab's ein gutes Jobangebot?"

„Na ja, wie man's nimmt. Zunächst musste ich eine Stelle suchen. Denn so reizvoll der Thüringer Wald auch ist, es ist ein Unterschied, ob du als Touristin eine Zeit lang dort bist oder als Lesbe dauerhaft. Ich fühlte mich einsam", erzählte Antje und tauchte ein Stück Brot in den Käse.

Meike schaute nachdenklich dabei zu. Sie wusste nicht, was sie mehr verblüffte. Die Tatsache, dass ihre Gastgeberin zur selben Fraktion gehörte, oder wie offen die ihre Beweggründe für den Umzug bekannte.

Roswitha waren diese Überlegungen fremd. Sie grinste über beide Ohren. „Das ist ja mal ein lustiger Zufall. Da zieht ihr zwei die Damen- der Männerwelt vor."

„Das tun wir", brummte Meike, bevor sie sich eine halbe Scheibe Brot zwischen die Kiemen schob. Hätte sie es nicht getan, wären ihr die Gesichtszüge, ob der distanzlosen Auskunftsfreudigkeit der Alten, entglitten.

Antjes Blick ruhte unergründlich auf ihr. Sie steckte das Fonduestück in den Mund und meinte mit ernster Miene: „In meinem thüringischen Heimatdorf hätte ich, um jemanden kennenzulernen, eine Anzeige aufgeben müssen."

Meike erwiderte nichts, sondern trank lieber einen Riesenschluck Wein. Im Stillen dachte sie, dass es vielleicht nicht der schrecklichste, dafür jedoch der anstrengendste Tag des Jahres war – und er war noch nicht zu Ende.

Beim Dessert war für Roswitha das Thema Krankheiten endlich abgeschlossen. Sie knabberte an ihrer Lebkuchen-Brezel und seufzte befriedigt auf. „Was für ein wundervolles Essen in einer solch sympathischen Gesellschaft. Da bin ich auch nicht mehr traurig, weil mein Sohn und seine Frau bei deren Eltern den Heiligabend verbringen."

„Das freut mich“, antwortete Antje zugetan. „An Weihnachten sollte niemand allein sein.“

Meike verkniff sich die Bemerkung, dass dies sehr angenehm sein konnte und eigentlich ihr Plan gewesen war. Sie erinnerte sich an den Tod von Herrn Blunert vor anderthalb Jahren. Gewiss fühlte sich Roswitha heute sehr einsam. Ein zaghafter Themenwechsel war angesagt.

„Darf ich dich etwas fragen? Aber ich will nicht indiskret sein“, wandte sie sich an die Gastgeberin.

„Klar.“

„Wieso bist du nicht bei deiner Familie?“

„Ich habe den Job im Hotel erst seit drei Monaten. Darum gilt für mich noch Urlaubssperre. Heute musste ich zur Frühschicht, und morgen arbeite ich ab 18 Uhr. Zu knapp, um dafür nach Hause zu fahren.“

„Das tut mir leid“, erwiderte Meike aufrichtig.

„Ach, was will man machen.“ Antje winkte ab. „Dank dem Stromausfall ist’s doch ganz schön geworden.“

Wortlos nickte Meike. Sie kam sich plötzlich mies vor. Wie hatte sie in Gedanken die zwei Frauen als Nervensägen abstempeln und nicht bedenken können, dass sie sich vielleicht nach Gesellschaft sehnten?

Roswitha stand derweil von ihrem Stuhl auf und gesellte sich zu Zora auf die Couch. Sofort hüpfte die ihr auf den Schoß. Die Witwe begann sie zu kraulen. „Sag, Meike, wieso bist du nicht bei deinen Lieben?“

„Es hat sich terminlich nicht ergeben“, flunkerte sie. Es war nicht der richtige Augenblick zu offenbaren, dass sie nichts von Weihnachten hielt.

„Oh, wie schade. Aber jetzt sind wir alle zusammen.“ Roswitha streckte die Füße aus und streichelte die Katze weiter. „So, ich muss mich mal kurz von dem köstlichen Mahl etwas ausruhen. Mein Blutzuckerspiegel, wisst ihr.“

„Kein Problem.“ Meike und Antje blieben am Tisch sitzen und redeten ohne die Seniorin weiter.

„Was machst du beruflich?“, wollte Antje wissen.

„Ich bin Kindergärtnerin.“

„Oje, da hattest du in den letzten Wochen den totalen weihnachtlichen Overkill.“

„Und ob.“ Meike lachte auf. Sie berichtete von diversen Adventsaktivitäten im Hort. Schon bald waren sie in einer angeregten Plauderei vertieft.

Antje entpuppte sich als eine angenehme Gesprächspartnerin, kaum dass sie ihre überzogene Freundlichkeit abgelegt hatte. Sie erzählten sich Anekdoten von Hotel und Kindergarten, wechselten dann zu dem Thema, das jede Lesbe in ihrem Leben erlebt hatte: das Coming-out. Danach ging es weiter zu Büchern und Filmen. Es war verblüffend festzustellen, wie ähnlich ihre Vorlieben waren.

Im Geheimen musste Meike zugeben, dass sie inzwischen diesen Heiligabend zunehmend genoss und sich richtig wohlfühlte – dank der Gastgeberin.

Roswitha schnarchte leise hinter ihnen.

Sie schauten zu ihr. Die alte Frau schlief mit einem seligen Lächeln auf den Lippen, genau wie Zora, die sich auf ihren Oberschenkeln eingerollt hatte.

Meike schmunzelte gerührt bei diesem Anblick. „Meine Großmutter hatte es sich mit ihrer Katze ebenso friedlich nach dem Essen gemütlich gemacht.“

Antje reagierte nicht darauf, stattdessen hatte sie etwas anderes im Sinn. „Hast du eigentlich eine Freundin? Ich meine etwas Festes?“

Kurz dachte Meike an Lena und antwortete entschieden: „Nein.“

Es war nicht gelogen. Dr. Lena Henning-Schwarz war die Frau, mit der sie ab und zu das Bett teilte. Mehr bestand zwischen ihnen nicht und würde es auch nie.

Als Meike in Antjes freudig leuchtende Augen sah, reifte in ihr endgültig der Entschluss, die Affäre zu beenden.

„Da haben wir noch eine Gemeinsamkeit“, flüsterte die Gastgeberin derweil. Kaum hatte sie es gesagt, errötete sie wieder und sah schnell zu Boden.

„Ich glaube, da gibt es …“ entgegnete Meike rau, brach aber ab, weil ihr Smartphone eine ankommende SMS signalisierte. Sie war von Lena. Als ob sie aus der Ferne die bevorstehende Beendigung ihrer Liaison vernommen hätte, schrieb sie: *Der Heiligabend mit der Familie ödet mich an. Ich wäre lieber bei dir. Zähl die Stunden, wenn ich nach Weihnachten wieder in deinen Armen liege. Fühl dich geküsst, meine Süße! L.*

Es war das Gefühlvollste, was die Geliebte ihr jemals zum Ausdruck gebracht hatte. Doch Meike konnte keine Freude empfinden. Ausweichend tippte sie zurück: *Halt durch, Tigerin. Auch dieser schrecklichste Tag des Jahres wird zu Ende gehen. Liebes Bussi, M., der Weihnachtsmuffel*

Meike steckte das Mobiltelefon zurück in die Hosentasche. Im nächsten Moment hatte sie Lena wieder vergessen, so sehr nahm Antjes Gegenwart sie gefangen. Der tiefe Blick ihrer blauen Augen, der verführerische Mund, die warme, weibliche Stimme ... Meike spürte, wie sie immer mehr in romantische Stimmung kam. Das schummrige Kerzenlicht und das langsam gespielte Jazzstück taten ihr Übriges dazu.

Aber es lag nicht allein an der lauschigen Situation und Antjes Schönheit, weshalb sie sich zu ihr hingezogen fühlte. Sie nahm einen Gleichklang wahr, den sie niemals für möglich gehalten hätte, nun, da sie selbst ihre bockige Genervtheit und Antje ihre quirlige Überfreundlichkeit abgelegt hatte. Es schien, als bestünde zwischen ihnen eine gemeinsame Bande, so etwas wie Seelenverwandtschaft, obwohl sie sich erst seit wenigen Stunden kannten. Lag es an der berühmten Chemie oder war es ein Weihnachtswunder? Meike war der Grund egal. Sie wollte diese Verbindung näher erforschen. Sie wollte ihr Bestes tun, dass sich diese Frau nicht mehr allein fühlen musste.

„Die beiden schlummern tief und fest“, sagte Antje mit einem schmunzelnden Nicken in Richtung Roswitha und Zora.

Tatsächlich. Die verwitwete Nachbarin saß immer noch schlafend auf dem Sofa. Ruhig hob sich ihr Brustkorb auf und ab. Doch bei der rothaarigen Katze irrte sich Antje. Zora hob leicht ihr Köpfchen und zwinkerte ihnen zu. Dann schloss sie wieder ihre Lider und döste weiter auf Roswithas Bauch.

Meike nahm es als Aufforderung, aktiv zu werden. Die Soul-Jazz-Nummer kam ihr zu Hilfe. Sie erhob sich von ihrem Stuhl und streckte eine Hand aus. „Darf ich bitten?“

Da war es erneut. Das Leuchten in Antjes Augen, als sie Meikes Hand ergriff. Ihre Lippen hauchten ein stummes „Ja."

Ein Ja, das Meikes Magen zum Flattern brachte.

Wer brauchte Bescherung? Wer brauchte überhaupt Geschenke? Die Vorfreude Antje gleich in den Armen halten zu dürfen, übertraf alles. Meike ging um den Tisch herum und ließ Antjes Hand dabei nicht los. Ihr Smartphone zeigte vibrierend abermals eine ankommende SMS an.

Meike ignorierte die Nachricht. Es waren nur noch Antje und sie von Belang.

Und dann geschah es.

Die rotblonde Schönheit schmiegte sich an sie. Tief vereinigten sich ihre Blicke, und ihre Körper begannen geschmeidig dem Rhythmus der Musik zu folgen. Welch Intimität lag in diesem Tanz. Welch Sinnlichkeit und welch Versprechen. Es war Heiligabend und jede Faser in Meike feierte ein Fest der Liebe. Sacht berührte sie Antjes Lippen mit den ihren. Die zog sie enger an sich. Sie versanken in einem zärtlichen Kuss, der den 24. Dezember zum schönsten Tag des Jahres werden ließ.

Antje und Meike küssten sich auch noch, als das Grammophon schon längst verstummt war. Erst das klingelnde Telefon schaffte es, dass sie sich widerstrebend voneinander lösten.

Es weckte auch Roswitha. Sie mochte zwar nicht mehr die Jüngste sein und darüber hinaus leicht ermüden, aber sie erkannte die Situation sofort. Wie ein Honigkuchenpferd grinste sie das Paar an. Ihre Augäpfel hüpften flink zwischen Meike und Antje hin und her, sogar als Antje den Anruf entgegennahm und mit ihren Eltern sprach.

Zu ihrer Erleichterung erinnerte sich Meike, dass sie eine SMS erhalten hatte. Es war eine willkommene Gelegenheit, sich Roswithas Starren zu entziehen. Der Inhalt der Nachricht ließ sie mindestens ebenso schmunzeln wie die Witwe. *Hi Meike. Mein Mann hat mir zu Weihnachten einen kleinen Spontanurlaub geschenkt. Übermorgen geht's schon los. Wir sehen uns daher dieses Jahr nicht mehr. Sorry. Lena.*

Meike antwortete ihr auf dem gleichen Weg: *Habt eine schöne Reise! Wünsch euch einen guten Rutsch.*

Die gemeinsame Geschichte war also vorüber. Meike atmete befreit aus und lächelte glücklich, als Antje ihr Telefonat beendete.

„Wenn ich euch so sehe, da hat es sich doppelt gelohnt, die Gebäudestromsicherung lahmzulegen“, meinte Roswitha mit unschuldiger Stimme und kraulte die schnurrende Zora hinter den Ohren.

„Wie bitte?“, riefen Antje und Meike.

„Ihr habt richtig gehört. Immerhin war ich bis zu meiner Pensionierung bei einem Elektriker beschäftigt und habe mir manches dabei abgeschaut.“

„Aber wieso hast du das getan?“, fragte Antje fassungslos.

„Ich wollte Weihnachten nicht allein verbringen“, murmelte die alte Witwe kleinlaut. „Darum dachte ich mir, mit einem kleinen Stromausfall bekomme ich heute ein wenig Gesellschaft, weil die Hausgemeinschaft dann vielleicht zusammenrückt.“

„Was dir auch absolut gelungen ist. Danke“, antwortete Antje weich.

Meike schloss die Freundin in die Arme und gab ihr einen zärtlichen Kuss auf den Mund. Dann wandte sie sich an die Seniorin. „Eine bessere Idee hättest du nicht haben können, Roswitha. Ohne deine Tat wäre es nämlich sonst nicht der wundervollste Tag des Jahres geworden.“

In der Klosterbäckerei

Anno 1817, der dritte Sonntag im Advent

Die Kapellenglocke schlug zur Mitternacht. Ein neuer Tag brach an.

Johanna lächelte. In wenigen Stunden, sofort nach dem gemeinsamen Morgengebet, sollten ihre Mitschwestern und sie einen Ausflug ins nahe gelegene Städtchen Hirschhofen unternehmen. Dort wollten die Benediktinerinnen auf dem Christkindlmarkt Selbstgebackenes und Handarbeiten feilbieten.

An kaum etwas anderes mehr konnte die junge Ordensfrau denken. Endlich würde sie wieder das wirkliche Leben jenseits der Klostermauern mit all ihren Sinnen erfahren. Endlich würde sie das ausgelassene Lachen der Kinder hören, die bunten Gewänder der Bewohner zu Angesicht bekommen, ihre Nase von Gerüchen der vielfältigsten Art verzaubert werden und allerhand mehr. Johannas Leib durchfuhr ein freudiger Schauer. Sie seufzte und lauschte dem letzten Hall der Glocke nach. Sosehr sie dem Ausflug entgegenfieberte, wünschte sie sich auch den Schlummer herbei. Johanna wollte ausgeruht für den kommenden Tag sein. Doch seit sie vor Stunden zu Bett gegangen war, hatte sie keinen Schlaf finden können.

Was nicht nur der Vorfreude geschuldet war.

Johanna seufzte abermals. Das Gefühl ließ sich nicht vertreiben. Jenes Gefühl, das ihren warmen Schoß durchdrang.

In ihrem Kopf wirbelten wollüstige Bilder umher, und ein tierischer Trieb verlangte, die unaussprechlichen Dinge in die Tat umzusetzen. Es war gräulich. Der Ort zwischen Johannas Beine wollte berührt, die Brüste gestreichelt und die Lippen geküsst werden. Aber das alles war eine große Sünde, wie Mutter Oberin Brunhilde sagte. Nur zu gut konnte sich Johanna an die tiefe Scham bei der Beichte erinnern, als sie ihre Selbstbefleckung gestanden hatte. Danach beschmutzte sie sich noch ein paar Male, was Johannas Geheimnis geblieben war. Allein der Allmächtige und sie selbst wussten davon, und so sollte es auch bleiben.

Heute Nacht wollte sie sich jedoch nicht versündigen. Es war schließlich der dritte Advent. Sie musste gegen dieses Gefühl ankämpfen. Früher hatte Johanna es mit Selbstgeißelung versucht. Der Trieb war dabei nur noch stärker geworden. Bereits der Gedanke an die heruntersausende Gerte auf den Allerwertesten ließ ihren Schoß heiß und feucht werden.

Johanna stöhnte auf. Es gab nur einen einzigen Weg, wie sie ihre Begierde zähmen und Schlaf finden konnte – und den wollte sie nun beschreiten.

Die Ordensfrau schlüpfte aus dem Bett, zog ihren Habit über den zierlichen Leib und stieg in die warmen Winterstiefel. Dann schlich sie sich leise aus ihrer Zelle. Still wie ein Mäuschen ging sie durch den lang gezogenen Korridor und die Treppe hinab. Außer ihrem eigenen Atem vernahm sie keine Geräusche. So war es gut.

An der Tür zur Backstube blieb sie zögernd stehen. Sollte sie wirklich dort hineingehen? Ihr grummelnder Magen befahl es ihr jedenfalls.

„Oh Herr, vergib mir!", hauchte sie und trat ein. Der Vollmond warf sein helles Licht in den Raum, sodass Johanna die vollen Körbe mühelos fand. Sie griff in einen von ihnen und stibitzte einen Lebkuchen. Rasch verließ sie danach die Klosterbäckerei. Ehe sie in die köstliche Leckerei biss, öffnete sie die Pforte zu ihrem eigentlichen Ziel: nach draußen in die nächtliche Dunkelheit des Klosterparks.

Die eiskalte Dezemberluft empfing zugleich ihre Glieder. Das half. Dieses sehnliche Pochen in ihrem Schoß ließ mit jedem Schritt, den sie ging, mehr und mehr nach. Ein paar Meter wollte die junge Nonne noch weiter durch den Schnee waten, bevor sie in ihr Schlafgemach zurückkehrte. So flanierte Schwester Johanna im klösterlichen Garten umher und verspeiste genüsslich den Lebkuchen. Die wollüstigen Gedanken schwanden, stattdessen spürte sie langsam matte Schläfrigkeit.

Sie wollte gerade umkehren, als sie plötzlich aus einem einzelnen Fenster des Klostergebäudes Licht brennen sah. Johanna wusste, dass sich dahinter die Zelle von Priorin Ursula verbarg. Jene Ordensfrau, die auserkoren war, Schwester Brunhilde eines Tages als Mutter Oberin des Konvents der barmherzigen Jungfrau Maria nachzufolgen. Johanna hatte sie bislang noch nicht zu Gesicht bekommen, denn sie selbst war erst vor Kurzem von einem anderen Kloster, das geschlossen worden war, hierher gewechselt. Ursula hingegen war auf monatelanger Studienreise gewesen und erst gestern heimgekommen.

Johanna hielt inne. Sie erinnerte sich daran, was die anderen Nonnen über die für sie unbekannte Ordensfrau sagten. Schwester Ursula solle trotz ihres jungen Alters sehr gelehrt und belesen sein. Man munkelte, dass sie sogar noch gescheiter als Mutter Priorin Brunhilde sei. Außerdem sei sie so wunderschön wie die Jungfrau Maria. Konnte ein Menschengeschöpf wirklich so hübsch anzusehen sein?, fragte sich Johanna ungläubig.

Obgleich ihrer Skepsis meldete sich bei dem Gedanken an die vermutliche Schönheit der Nonne die brennende Hitze zwischen ihren Beinen zurück. Nur einen kleinen Blick wollte sie auf Schwester Ursula erhaschen – einen winzig kleinen. Kurz entschlossen kletterte sie auf einen Baum.

Johanna war nur einen Katzensprung von dem Fenster der Mitschwester entfernt. Sie konnte sogar in die Zellenstube schauen, doch sie sah Ursula lediglich schemenhaft. Vorwitzig bewegte sich Johanna ein Stückchen weiter. Ihre Füße traten vom Baumstamm auf einen dicken Ast. Nun erspähte sie wahrhaftig das Profil von Schwester Ursula: Ihre Lippen waren sinnlich geformt. Die Wangen hatten die vornehme Blässe von Elfenbein, und ebenmäßige Brauen umrahmten ein strahlendes Augenpaar, dessen Farbe dem blauen Himmel an einem Ostersonntag glich. Die Ordensfrau war tatsächlich so anmutig, wie man Johanna berichtet hatte. Noch nie hatte sie ein solch wundervolles Geschöpf gesehen.

Unwillkürlich machte die neugierige Nonne einen weiteren Schritt vorwärts.

Ein plötzliches Knarzen ließ sie jedoch erstarren. Das Holz unter ihr gab nach, und bevor sie sich versah, brach der Ast unter ihrem Gewicht ab.

Schreiend fiel Johanna in die Tiefe – und landete auf einem weichen Schneehaufen.

Erschrocken blieb sie für einige Momente liegen. Sie horchte in sich hinein. Der Rücken schmerzte etwas, aber sie hatte sich nicht ernsthaft verletzt.

Johanna rappelte sich ächzend auf. Gerade als sie sich das kalte Weiß von der Kleidung abklopfte, sah sie, wie nun in mehreren Fenstern des Klosters Licht brannte. Ihr Tun war entdeckt worden.

„Oh, Herr im Himmel, steh mir bei!“, hauchte Johanna und schlug entsetzt die Hand vor den Mund. Nun konnte sie nur noch auf Milde und Gnade der Mutter Oberin hoffen.

Das Klappern der Pferdehufe riss Johanna am nächsten Morgen aus ihrem Gebet. Sie bekreuzigte sich und lief zum Fenster ihrer Zelle.

Im Hof hatten sich die Mitschwestern versammelt. Die Novizinnen beluden die Pferdegespanne mit Körben und Kisten, während die älteren Ordensfrauen fröhlich miteinander schwatzten.

Traurig sah Johanna dem Treiben dort unten zu. Wenn sie bloß ihrer Neugierde auf die Priorin nicht nachgegeben hätte! Sie könnte jetzt mit den anderen Nonnen den Tag genießen und vor allem nach Hirschhofen auf den Christkindlmarkt fahren.

Mutter Oberin Brunhilde hatte ihr bereits in der Nacht ihre Strafe mitgeteilt: Außer, dass sie im Kloster bleiben musste, hatte sie den Morgen in stiller Andacht zu verbringen, danach drei

Körbe voll Lebkuchen zu backen und schließlich die Klosterbäckerei zu säubern.

Johanna blickte zu dem Kruzifix an der Wand, vor dem sie kniend die letzten Stunden verbracht hatte. Noch weitere zwei lagen vor ihr.

Indes schnalzte Schwester Franziska laut mit der Zunge. Johanna schaute zurück in den Hof und sah, wie sich der Zug der Klosterfrauen in Bewegung setzte. Ohne sie.

Johannas Augen wurden tränenfeucht. Sie wandte sich ab. Ihre karge Zelle erschien der jungen Nonne plötzlich trostlos und leer. Zu leer für die Fülle von Gedanken und Gefühlen, die ihr Inneres umtosten. Zu stiller Andacht war sie nicht mehr fähig, selbst wenn das wieder ein ungehorsames Vergehen war. Johanna musste sich beschäftigen, um das reuevolle Bedauern in den Griff zu bekommen. So beschloss sie, bereits jetzt mit ihrer Aufgabe zu beginnen.

In der Klosterbäckerei angekommen, machte sich Johanna zugleich ans Werk. Sie schürte den Ofen, kochte Honig für einige Minuten und holte Zucker, Eier, Zimt, Nelken, kandierte Früchte und Pottasche aus den Schränken. Sie rührte Mehl und Zucker in den Honig und ließ den Teig stehen, während sie die Backbleche bestäubte.

Johanna war in die Zubereitung der Lebkuchen dermaßen vertieft, dass sie die nahenden Schritte nicht hörte. Sie erschrak fürchterlich, als eine samtene, weibliche Stimme rief: „Da haben wir ja die nächtliche Missetäterin. Guten Morgen."

Johanna ließ den Sack Mehl fallen. Sie hatte geglaubt, allein in diesem Teil des Klosters zu sein. Wer aber war die andere Ordensfrau, die ebenfalls hiergeblieben war?

„Gott zum Gruße“, antwortete sie und drehte sich zur Pforte um, aus deren Richtung sie die wohlklingenden Töne vernommen hatte. Im gleichen Moment erbleichte sie.

Es war Schwester Ursula – Schwester Ursula, deren Schönheit so vollkommen war. Sie trat mit mildem Lächeln auf den Lippen in die Backstube und sah Johanna dabei unverwandt ins Gesicht. Welch warmes, strahlendes Blau hatten Schwester Ursulas Augen.

Geblendet von der anmutigen Erscheinung vergaß Johanna beinahe das Atmen.

„Man hat uns bislang nicht bekannt gemacht. Das sollten wir nachholen.“ Die Ordensfrau trat zu ihr und stellte sich vor.

Johanna nannte mit zittriger Stimme ihren Namen. Sie räusperte sich: „Weshalb seid Ihr nicht mit ins Dorf gefahren, Schwester Ursula?“

„Lass uns nicht förmlich sein. Sprich mich mit Du an. Was deine Frage betrifft: Nach meiner langen Reise habe ich fürs Erste genug vom weltlichen Leben und bin daher lieber im Kloster geblieben“, antwortete sie.

Die junge Benediktinerin nickte gedankenvoll. Wie verschieden konnten doch Wünsche sein. Sie selbst wollte nichts sehnlicher, als sich wieder einmal unters einfache Volk zu mischen, während Ursula die Stille des Klosters vorzog.

„Ich helfe dir beim Backen“, unterbrach die andere Schwester ihre Überlegungen.

„Das kann ich nicht annehmen. Man hat es mir als Strafe auferlegt. Es wäre nicht recht vor Gott unserem Herrn.“

Ursula griff nach den Gewürzen. Ihr Lächeln wurde breiter, als sie erwiderte: „Du kannst unbesorgt sein, denn dadurch wirst du am heiligen Sonntag eher ruhen, so wie es die Heilige Schrift für uns eigentlich vorsieht."

Johanna war sich unsicher, ob dies im Sinne der Mutter Oberin war. Andererseits war die Priorin für ihre Bibelfestigkeit bekannt, sie musste schließlich wissen, was falsch und was richtig war.

„Danke", flüsterte sie.

„Es ist mir ein Vergnügen."

Gemeinsam machten sich beide Nonnen ans Werk und stellten die Zutaten für den Lebkuchen auf den Backtisch.

„Weshalb hast du eigentlich den Namen Johanna bei deiner Weihe auserwählt?", fragte Ursula, während sie die Eier aufschlug und in den Teig tat.

„Wegen der Heiligen Jungfrau von Orleans."

„Aha!" Die Priorin grinste sie breit an.

„Wieso amüsiert dich das?"

„Weil sie nicht nur eine Frau war, die für ihren Glauben starb, sondern auch eine wilde, leidenschaftliche Kämpferin."

Johanna errötete. Ursula hatte den Grund ihrer Wahl erraten. So wie die Heilige fühlte auch sie sich – wild und leidenschaftlich. Selbst wenn es sie manchmal in Bedrängnis brachte – so wie letzte Nacht.

„Du brauchst deswegen nicht beschämt sein." Ursula schaute ihr tief in die Augen. „Es gefällt mir. Sehr sogar."

Schamhaft lächelte Johanna zur Antwort.

„Und deine Scheu gleichfalls."

Johanna schluckte hart, denn die Worte und der intensive Blick der anderen ließen in ihr wieder das sehnliche Prickeln entstehen, das ihren Schoß ganz warm machte. Mehr noch. Sie verspürte das

Verlangen den sinnlichen, roten Mund der Priorin mit ihren eigenen Lippen zu berühren.

Ursula indes arbeitete die Eier in den Teig und fragte: „Weshalb bist du ins Kloster eingetreten? Unabhängig vom Willen Gott dem Allmächtigen zu dienen, natürlich."

Die Erinnerung daran brachte Johannas Begehren zum Verstummen. Traurig erzählte sie: „Meine Mutter ist im Kindbett mit einem jüngeren Geschwisterchen verstorben. Mein Vater fiel kurz darauf im Krieg gegen die Franzosen. Unser Onkel konnte nicht alle Kinder aufnehmen und so kam ich in ein von Ordensfrauen geführtes Waisenhaus."

Ursulas Miene wurde ernst, und sie strich tröstend über Johannas Unterarm.

Die lächelte tapfer. „Als ich zur jungen Frau herangewachsen war, wusste ich nicht, wo ich sonst hinsollte."

„Und darum tratest du in den Orden ein", beendete Ursula ihren Satz.

„Richtig, aber ich will mich nicht beklagen." Johanna atmete durch und tat kandierte Früchte, Gewürze und die Pottasche in den Tag.

Ursula schaute ihr dabei zu. Versonnen meinte sie: „Unser Weg zu Gottes Liebe ist wirklich sehr unterschiedlich. Ich selbst war ein Bauernmädel und wollte nicht wie meine Mutter und die anderen Frauen im Ort enden. Heiraten, ein Dutzend Kinder bekommen und auf dem Feld schuften, das erschien mir nicht als meine Bestimmung. Die Nonnen hingegen übten eine große Faszination auf mich aus. So beschloss ich, viel zu lernen und die Ordensfrauen auf mich aufmerksam zu machen. Der Plan ging auf und ich durfte trotz meiner mittellosen Herkunft den Benediktinerinnen beitreten."

„Hast du nie Zweifel deswegen gehabt?", wollte Johanna wissen.

„Die waren und sind mir nie gekommen." Ursula lachte auf. „Denn Frauen wie ich haben nur im Kloster die Möglichkeit ihr Glück zu finden."

Johanna wusste nicht, was die andere Nonne damit meinte. Wer waren diese Frauen, die wie Ursula waren? In welchen Dingen unterschieden sie sich von anderen? Wie sah das Glück aus, das sie sich erhofften? Vor allem: War sie selbst auch solch eine Frau?

Johanna entgegnete nichts darauf, da sie nicht als Unwissende vor der Erfahrenen dastehen wollte. Schweigend begann sie stattdessen den Lebkuchenteig zu mischen. Ihre Hände kneteten ihn hart und heftig, während sie verbissen grübelte, um die drängenden Fragen selbst zu beantworten.

Johanna kam dabei nicht weit, denn süßer, würziger Geruch strömte auf einmal in ihre Nase. Verführerisch erinnerte er sie an eine betörende Frühlingswiese und brachte sie in wohlige Verzückung. Zweifellos stammte er nicht vom Backwerk. Aber was war es, das so wunderbar duftete?

Einen Wimpernschlag später spürte sie warmen Atem auf ihrer Wange und zwei Hände, die sich an ihren eigenen Armen vorbeischoben und ebenfalls in die Schüssel griffen.

Schwester Ursula hatte sich hinter Johanna gestellt. Sie war es, die so zauberhaft duftete, ihr Atem, der ihre Haut streifte, ihre Hände, die den Teig bearbeiteten – und ihr Oberkörper, der sich an Johannas Rücken drängte.

„Wenn die Lebkuchen gelingen sollen, musst du sie so sanft wie eine Geliebte behandeln“, raunte Ursula heiser an ihr Ohr.

Johanna leckte sich über die Lippen. Die geflüsterten Worte und die plötzliche Nähe ließen in ihrem Leib ein nie gekanntes brennendes Begehren entfachen, das Feuerflammen gleich Brüste und Schoß ergriff. Noch niemals hatte sie eine solche starke Leidenschaft empfunden, selbst wenn sie des Nachts ihre Wollust mit der Gerte bekämpfte.

Unwillkürlich seufzte Johanna auf und starrte auf Ursulas schlanke, anmutige Finger, die den Teig mit beinah zärtlichen, aber bestimmenden Bewegungen kneteten.

Oh, wenn es nur mein Busen wäre, denn sie so berührte!, dachte Johanna sehnlich. Sie errötete und erstarrte zugleich bei diesem unschicklichen Gedanken.

Im nächsten Moment löste sich Ursula von ihr und trat neben sie.

Die Mitschwester lächelte geheimnisvoll, als sie sagte: „Nun weißt du für die Zukunft, wie du es anstellen musst. Erledige jetzt den Rest.“

„Ja, das werde ich.“ Johanna schluckte schwer. Ihre Hände zitterten, als sie den Teig ausrollte. Wie sehr wünschte sie sich draußen zu sein, um sich abzukühlen. Am liebsten hätte sie sich all ihre Kleider vom Körper gerissen und sich in den größten Schneehaufen gestürzt, den sie hätte finden können.

Ursula indes schien von ihrer Verzweiflung nichts zu ahnen. Mit ruhiger Miene schaute sie Johanna zu, wie sie den Teig in flache Häufchen trennte und diese auf die Backbleche verteilte. Als sie zuletzt ganze Mandeln auf die einzelnen Lebkuchen legte, gluckste Ursula: „So erinnern sie mich an die Brüstchen von zierlichen Mädchen."

Es brachte Johanna noch mehr in Verlegenheit und mit gesenktem Haupt schob sie die vollen Bleche in den Ofen.

Für eine Weile gab es nunmehr nichts zu tun. Sie mussten warten, bis die Lebkuchen fertig gebacken waren.

In die Stille hinein meinte Ursula: „Es gibt etwas, über das ich mit dir zu reden habe."

„Ja?" Johanna schaute auf und sah geradewegs in blaue Augen, die sie aufmerksam musterten.

„Ich habe heute Nacht bemerkt, dass du auf den Baum vor meinem Fenster geklettert bist."

Johanna nickte befangen. Sie hatte Angst vor dem, was weiter zur Sprache kommen würde.

Unbarmherzig sprach Ursula: „Der Mutter Oberin mag es nicht aufgefallen sein, aber mir. Du wolltest einen Blick auf mich werfen."

Brennende Schamesröte überfiel Johanna mit einem Mal. Ihr dunkler Trieb war erkannt und ans Licht gezogen worden. Niemals in ihrem Leben hatte sie sich so gedemütigt gefühlt. Sie starrte auf den Boden und wünschte sich ganz weit fort.

„Lass dir von einer erfahrenen Frau einen Rat geben", sagte Ursula mit rauer Stimme und trat vor sie. „Beichte es nicht. Und alles andere auf diesem Gebiet ebenso nicht. Es würde dir zum Nachteil gereichen, denn Schwester Brunhilde kennt keine Gnade, und der Herrgott weiß es eh schon längst."

Johanna wunderte sich über das Verständnis und sah in das schöne Gesicht der Priorin. Leise wisperte sie: „Danke. Ich werde nichts davon preisgeben und ich werde dich auch nie wieder beobachten. Verzeih mir bitte."

„Da gibt es nicht zu verzeihen. Es hat mir nichts ausgemacht. Ganz im Gegenteil." Ursula schenkte ihr ein Lächeln. „Mir wäre es sogar eine Freude gewesen, dich in meiner Zelle begrüßen zu dürfen."

„Wirklich?" Erstaunt riss Johanna ihre Augen auf.

Die Priorin hauchte einen Kuss auf ihre Lippen und entfernte sich einen großen Schritt von ihr. „Ja, denn ich selbst habe dich am Tage meiner Rückkehr ins Kloster beobachtet und Erkundigungen eingeholt, wer dieser reizende Neuzugang sei."

„Oh!" Mehr konnte Johanna nicht sagen – so sehr waren ihre Gedanken und ihre Gefühle von den Worten, aber vor allem von dem Kuss, erfüllt. Ihr ganzer Leib jubilierte selig, und ihr Herz schlug aufgeregt in der Brust.

Ursula hingegen trat an den Ofen, als wäre nichts geschehen. „Bei alldem sollten wir unsere Leckereien nicht vergessen."

„Du hast recht." Johanna stellte den Topf mit der Zuckerwasserlösung aufs Feuer. Im Stillen jedoch grübelte sie über das geheimnisvolle Gebaren der Mitschwester, während sie die Glasur rührte.

Indes waren die Lebkuchen fertig gebacken.

Ursula holte die Bleche aus dem Ofen, und Johanna strich mit einem Pinsel die durchsichtige Lösung über das Backwerk. Nachdem sie ihre Aufgabe beendet hatte, wischte sich die zierliche Nonne den Schweiß von der Stirn. Ihr war inzwischen heiß, was nicht nur an der hohen Temperatur in der Backstube lag.

Ursula schien es ähnlich zu ergehen, denn ihre Wangen glänzten. Heiser sagte sie: „Es ist vollbracht. Nun würde ich mich dir gerne voll und ganz widmen."

„Hier bin ich." Johanna schaute gespannt auf. Was hatte die andere nun vor?

Sie näherte sich ihr wieder an. „Wir beide sind trotz unserer Unterschiede doch gleich. Du bist eine Frau wie ich, das fühle ich."

„Was meinst du damit?"

„Das wirst du herausfinden, wenn du mich lässt." Ursula lachte auf. Sie griff in den Mehlsack und warf eine Handvoll von dem weißen Puder über Johanna.

Überrascht schüttelte die sich kichernd, und aus einem Impuls heraus bespritzte sie die Mitschwester im Gegenzug mit Wasser.

„Das wirst du büßen." In einem Satz sprang Ursula grinsend auf Johanna zu und packte sie an der Taille.

Halbherzig versuchte die sich zu befreien, was ihr natürlich nicht gelang. Sie balgten miteinander und kitzelten sich gegenseitig. Immer wieder tasteten suchende Hände über die durch die Ordenstrachten verhüllten Leiber.

Johannas Finger streiften Ursulas Busen, was diese veranlasste, sich abrupt von ihr zu lösen. Sie lief geradewegs zu der Pforte und schloss sie ab. „Wir wollen doch keine unliebsamen, überraschenden Gäste haben."

Johanna fragte sich, weshalb sie das tat und was sie im Schilde führte. Nichtsdestotrotz fühlte sie sich nicht in Gefahr. Auch nicht, als Ursula mit ernster Miene und funkelnden Augen zu ihr zurückkehrte. Stattdessen spürte Johanna aufgeregt das Blut in ihren Adern pochen.

Und dann tat Ursula etwas Ungeheuerliches: Sie legte ihren Schleier ab. Blondes Haar zeigte sich, das länger war, als es eine Ordensfrau zu tragen hatte. Weich fiel es bis auf die Schultern hinab.

Johanna schaute Ursula ergriffen an. Wie schön die Priorin war, nun, da der Stoff ihr Haupt nicht mehr verdeckte. So unendlich schön.

Geräuschvoll atmete Johanna aus.

Ursula trat ganz nah zu ihr und befreite sie ebenfalls vom Schleier.

Johanna ließ es geschehen und fuhr sich leicht über die kurz geschnittenen, braunen Haare. Wie kärglich musste es gegenüber der blonden Pracht wirken.

Scheu senkte Johanna ihren Blick.

Doch Ursula hob ihr Kinn an und meinte weich: „Wie hübsch du bist, meine Kleine."

Verstohlen lächelte Johanna.

„Du machst mich sogar ganz toll." Ursula legte die Arme um sie.

„So wie du mich", entgegnete Johanna, die sich sofort an sie schmiegte. Sollten nun die nächtlichen wollüstigen Bilder Wirklichkeit werden? Ihr Herz und ihr Schoß hofften es jedenfalls.

Sie sah in Ursulas Augen und erkannte darin das gleiche Verlangen, welches sie empfand. Die beugte ihr einen Moment später den Kopf entgegen.

Johanna öffnete ihre Lippen, und ihre Zungen trafen sich, umkreisten einander, befühlten und erkundeten sich. Der Kuss ließ die junge Ordensfrau schweben. Sie fühlte sich dem Himmel so nah. Nie hatte sie derart Wundervolles erlebt.

Es sollte noch sinnlicher werden, denn Ursulas Hände fuhren langsam und zärtlich über Johannas Leib, die sich wünschte, den störenden Stoff zwischen ihnen weggerissen zu bekommen.

Als hätte die Priorin ihre Gedanken gehört, raunte sie: „Magst du unsere weiteren Gemeinsamkeiten erforschen?“

„Ja, ich will“, wisperte Johanna mit brüchiger Stimme.

Ursula löste sich mit einem sanften Lächeln von ihr und stülpte sich ihre Ordenstracht über den Kopf.

Die junge Benediktinerin tat es ihr flugs nach. Rasch zog sie auch Hemdchen, Stiefel, Strümpfe und Schlüpfer aus.

Als Johanna wieder aufsah, stockte ihr der Atem. Wie herrlich war die unbekleidete Priorin anzuschauen. Ihr hinreißender, wohlgeformter Busen war makellos, und ihre Hüften luden geradezu ein, berührt zu werden, ebenso wie ihre langen Beine und ihre blond bewachsene Scham.

Johanna starrte begierig Ursula an, auf deren schönem Antlitz, das gleiche fleischliche Verlangen geschrieben stand.

„Wie hübsch und zierlich du bist – wie ein Engel“, flüsterte die Priorin.

„Das sagt das anmutigste Geschöpf, das ich jemals erblicken durfte“, erwiderte Johanna, die ihre Scheu gänzlich verloren hatte, und umarmte den nackten, weichen Körper.

„Wir haben wahrhaftig so manche Gemeinsamkeit“, sagte Ursula, bevor sie Johanna leidenschaftlich küsste.

Wild und erregend balgten ihre Zungen miteinander, während sie sich streichelten. Johanna genoss die köstlichen Momente, wie sie nie zuvor etwas genossen hatte.

Dann schob die Priorin sie brüsk zu dem schweren Holztisch, wo sie eben noch beide gebacken hatten. Der jungen Nonne entglitt dabei ein verblüffter Laut aus der Kehle.

Doch es folgte keine Erklärung. Ursula leckte kurz mit der Zunge über Johannas Brust, ehe sie die Mitschwester schroff umdrehte, sodass deren Beine mit der Vorderseite an das Holz stießen.

Johanna ließ das nur zu gern mit sich geschehen. Zu sehr entzückte sie die intime Nähe. Sie wusste, dass es zu ihrer beider Freude geschah.

In der Tat seufzte sie nur wenige Augenblicke später vor Wonne auf, denn Ursula begann, ihren Nacken und ihre Schultern zu massieren. Und es wurde noch besser. Die Hände der Priorin schoben sich nach vorne, bis sie schließlich Johannas Brüste erreicht hatten. Jetzt rieben die zarten Handflächen über den Busen und fuhren immer wieder über ihre empfindsamen Knospen, die sich alsbald aufrichteten.

Wie geschickt doch Ursula war. Johanna spürte, wie sie feucht wurde und ihr Unterleib pulsierte. Sie stöhnte erregt, als sich der heiße Körper von Ursula an den ihren schmiegte. Die Hand der blonden Schwester verschwand tief zwischen ihren Schenkeln, was Wellen der Leidenschaft durch sie jagen ließ.

Die Priorin beugte ihren Kopf nach vorne, küsste Johannas Hals, die Wange, und schließlich streckte Johanna ihr ihre Zunge entgegen. Während sie sich küssten, wanderten Ursulas Hände zu Johannas Schoß, wo ihre Fingerspitzen das krause Haar zu kraulen begannen. Die Finger hatten keine Schwierigkeiten in ihr Allerheiligstes vorzudringen, und bald wand sich Johanna unter den Wallungen.

Indes brachte Ursula ihr Zentrum an Johannas Po heran. Die keuchte voller Wollust und drückte ihren Leib fest gegen Ursulas Becken. Sie konnte deutlich die Klitoris der Schwester spüren – fühlte, wie sie gegen ihren Hintern rieb.

Voller Lust wimmerte Johanna. Ihr Körper zitterte, bebte. Ihr Atem kam nur noch stoßweise. Dann kam es ihr, und sie kreischte ihren Orgasmus heraus. Überwältigt und erschöpft verharrte sie in ihrer Position vor dem Tisch und wurde sanft von Ursulas Armen gehalten.

Johanna kam rasch wieder zu Kräften. Sie drehte sich zu der Priorin um, strich ihr liebevoll durch das blonde Haar und kraulte ihren Rücken.

Sie küssten sich, dabei streichelten Johannas Finger unablässig Ursulas vollkommenen Körper, erkundeten jede noch so kleine Stelle, bis sie bei den Brüsten ankamen. Johanna ergriff sie bewundernd, umfasste das weiche Fleisch mit ihren Händen, knetete es, massierte es und liebkoste begierig die harten Knospen.

Die Priorin keuchte dabei und streckte sich begehrlich den Berührungen entgegen.

In Johanna erwachte der unbedingte Wille, Ursulas Leib zum Erklingen zu bringen. Fordernd presste sie sie gegen den massiven Tisch.

Die Mitschwester wiederum ließ ihre Hände über Johannas Hüften auf ihr Hinterteil gleiten. Fest packten sie zu und kneteten das weiche Fleisch.

Johanna gab sich dem sinnlichen Liebesspiel vollkommen hin. Ihr ganzes Fühlen und Denken war einzig allein darauf gerichtet. Sie ging jedoch nicht überhastet vor. Sanft glitt ihre Hand zwischen Ursulas Schenkel über die helle Schambehaarung, was die mit erregtem Stöhnen erwiderte.

Kurz darauf führte Johanna ihren Finger an Ursulas empfindliche Stelle und spürte sogleich die Feuchtigkeit in ihrem Innern. Ihre Schamlippen waren geschwollen. Johanna ließ ihren Finger zunächst ruhen, dann schob sie ihn sacht vorwärts.

Die Priorin dankte es ihr mit lautem, wildem Stöhnen. Sie hechelte und ihr Schoß rieb schnell und immer schneller gegen Johannas Hand.

Die wusste genau, was sie tun musste, um Ursula größtes Vergnügen zu bereiten. Ihre Finger bewegten sich langsam vor und zurück und trieben Ursula in tiefere Ekstase. Immer wieder glitt sie durch die heiße Spalte, und mit jedem reizenden Streich brachte sie die Priorin dem erlösenden Augenblick näher.

Endlich erreichte sie ihn. Ursula riss den Kopf in den Nacken, die Augen waren geöffnet, und aus vollem Halse schrie sie ihre orgiastische Lust heraus. Schließlich fiel sie schwer atmend auf den langen Tisch zurück, im Gesicht den Ausdruck höchster Freude.

„Komm, Johanna!“, flüsterte Ursula, nachdem sie verschnauft hatte. „Komm und küss mich!“

Die ließ sich das nicht zweimal sagen und kletterte zu der Priorin aufs Holz, deren Blick voller Sehnsucht und Verlangen war. Langsam beugte sich Johanna zu ihr und brachte ihr Gesicht näher an Ursulas Lippen heran. Zärtlich spielten ihre Zungen miteinander, während sie sich in einer liebenden Umarmung aneinanderschmiegten und sich sanft streichelten.

Ursulas blondes Haar lag auf Johannas Brust und Hals. Ihr Unterleib drückte sich drängend an ihren Leib.

Johanna blickte nach unten und sah geradewegs in Ursulas strahlendblaue Augen, die vor Verlangen glänzten. Sofort meldete sich auch in der jungen Ordensfrau die Leidenschaft zurück und sie küsste sie voller Gier.

Ursulas Mund riss sich kurz los, um einen erregten Laut von sich zu geben, aber schnell vereinte Johanna wie eine Besessene nochmals ihre Lippen miteinander. Sie drang mit der Zunge tief ein, bevor sie wieder hervorschnellte und über den Hals der Priorin raste. Dann leckte Johanna wild über die Brust, biss in die Knospe. Ihr heißer Körper lag eng an Ursula, ihre Scham presste sich an ihre Hüfte, rieb sich an der Haut. Doch die Mitschwester hatte anderes im Sinn. Sie machte sich von Johanna los, nur um sich kurz darauf hinter deren Haupt zu kauern. Ursula senkte ihr Gesicht, küsste die Lippen der Geliebten, bevor sie sich auftat, geschmeidig über Johannas Leib nach unten zu ziehen.

Die junge Schwester streifte dabei gierig durch das blonde Haar der Priorin. Als deren Mund ihren Busen erreichte, ihn leckte und verspielt an ihm knabberte, presste sich Johanna stöhnend an den der anderen, wo sie voller Wollust an den Brustwarzen saugte.

Schon bald setzte Ursula ihre Reise nach unten fort. Verführerisch leckte sie über den Bauch bis zum Nabel. Ihre Zunge umkreiste ihn und stieß hinein.

Johanna tat es ihr nach. Ihre Brüste rieben sich aneinander. Sie stöhnten. Hände umklammerten Hüften.

Aber die Priorin war viel zu begierig, als an diesem Platz länger zu verweilen. So bewegte sich Ursula mit ihrem Mund über Johannas Schamhügel hinab.

Die junge Nonne keuchte wollüstig auf, als Ursula die Lippen auf ihren Schoß legte. Sie gab sich ganz der kühnen Liebkosung hin, die Wellen der Freude durch ihren Körper sendete.

Auch Johanna drang mit ihrer Zunge tief in Ursulas Geschlecht ein. Gierig saugte sie die Nässe ein, welche die Schwester von sich gab.

Beide Frauen brannten lichterloh, während sie sich gegenseitig hemmungslos zum Gipfel trieben.

Endlich war es so weit. Johanna schrie vor Lust auf, der Höhepunkt durchflutete sie, ihr Unterleib schien zu explodieren. Und auch Ursula brüllte voller Ekstase ihren Orgasmus heraus.

Vollkommen befriedigt ließen sie sich schließlich auf das Holz fallen.

Als Johanna wieder zu Atem kam, krabbelte sie in Ursulas Arme, die sie mit einem sinnlichen Kuss empfing.

Die beiden Liebenden kuschelten sich auf dem großen Tisch eng aneinander. Lange lagen sie so, bis es an der Zeit war, die Backstube aufzuräumen.

✦

Nachdem die zwei Nonnen ihre Trachten wieder angezogen hatten und mit der Reinigung fertig waren, sagte Ursula mit einem verschwörerischen Augenzwinkern: „Ich wusste, dass du eine Frau wie ich bist.“

„Das bin ich“, entgegnete Johanna selig lächelnd. „Außerdem weiß ich nun mit ganzem Herzen, dass mein Platz allein hier im Kloster ist.“

Sie küssten sich innig. Danach schloss Ursula die Stube auf.

Wenige Minuten später kamen die anderen Ordensfrauen zurück. Die Oberin ging direkt zu Johanna und Ursula, wo sie die Klosterbäckerei und die Lebkuchen inspizierte.

Die junge Nonne beobachtete sie dabei ängstlich. Doch ihre Furcht stellte sich als unnötig heraus, denn Schwester Brunhilde zeigte sich sehr zufrieden mit ihrem Werk.

„Mutter Oberin, ich hätte eine Bitte“, sagte Ursula, als die Klostervorsteherin die Stube bereits wieder verlassen wollte. „Schwester Johanna braucht theologischen Unterricht, und ich möchte daher mit ihr nächtliche Bibelstunden auf meiner Zelle machen. Erlaubt Ihr das?“

„Du hast mein vollstes Vertrauen dafür“, wurde es mit einem Nicken genehmigt.

Johanna strahlte glücklich abwechselnd Ursula und Schwester Brunhilde an. Wie gut war es doch gewesen, nicht den Christkindlmarkt besuchen zu dürfen – so warteten demnächst viele lustvolle Stunden auf sie.

„Ich werde Euch nicht enttäuschen, Mutter Oberin“, antwortete Ursula förmlich, und zu Johanna gewandt, sprach sie streng: „Wir beide haben noch einen langen gemeinsamen Weg vor uns. Am besten kommst du schon heute zu mir.“

„Was immer Ihr verlangt, Schwester Priorin.“ Johanna verbeugte sich demutsvoll und freute sich bereits sehnsuchtsvoll auf die kommende Nacht und all jene, die noch folgen sollten.

Weihnachtsoffenbarung

Steffi drängte sich durch die überfüllten Straßen zu ihrem Ziel. Es war früher Abend. Trotzdem verstopften die Menschen weiterhin die Innenstadt. Kaum einen Meter konnte sie sich vorwärtsbewegen, ohne angerempelt zu werden oder Einkaufstüten in die Seite gerammt zu bekommen.

Die Weihnachtszeit war angebrochen und da gehörte dieser Shopping-Wahnsinn leider dazu. So wie Lebkuchen und Geschenke – und wie Weihnachtsfeiern. Steffi strich sich eine blonde Strähne aus dem Gesicht. Zu einer ebensolchen war sie gerade unterwegs. Noch so ein Irrsinn.

Dabei liebte sie ihren Job und kam mit den Kollegen bestens aus. Das war nicht das Problem. So manchen Absacker trank sie mit ihnen, wenn es in der Anwaltskanzlei spät wurde, weil sie zu lange an einem Fall saßen.

Der Ort des Geschehens war gleichfalls kein Grund des Unbehagens. Das Acapulco, ein mexikanisches Restaurant mit hervorragendem Essen und sündhaft leckeren Cocktails, besuchte Steffi gern und häufig. So weit, so gut. Was aber gar nicht gut war, war Folgendes: Der Inhaber des Acapulcos und Kanzlei-Chef Rolf Wolters, hatte sich fest dazu entschlossen, aus der Feier eine krude Mischung aus Karnevalsveranstaltung und Weihnachtskitsch zu machen. Mit Grausen erinnerte sich Steffi an die letztjährige Party. Unter anderem hatte es Weihnachtslieder-Karaoke und alberne Pantomime-Spiele gegeben. Dieses Jahr sollte das nicht nur wiederholt, sondern noch übertroffen werden.

Okay, gegen bunte Drinks und die Möglichkeit zu tanzen, hatte Steffi absolut nichts einzuwenden. Aber musste es wirklich eine solche Halligalli-Veranstaltung sein?

Im Gegensatz zu ihr waren die anderen Juristen und vor allem die Büroangestellten völlig aus dem Häuschen. Die Weihnachtsfeier war seit ein paar Tagen das Gesprächsthema schlechthin. Fast sämtliche Kanzleiangehörige überschlugen sich vor Begeisterung – und das nicht nur, weil Wolters die gesamte Rechnung bezahlen würde.

Als ob das Ganze nicht schlimm genug gewesen wäre, sollte an diesem Abend auch Dr. jur. Lisa Habermann erscheinen. Ihres Zeichens Fachanwältin für Erb- und Familienrecht und trotz ihrer dreißig Jahre eine ausgewiesene Expertin auf diesem Gebiet. Ein Grund, weshalb der Senior-Chef sie unbedingt vor einem halben Jahr in die Kanzlei bringen musste. Seit verfluchten sechs Monaten musste Steffi diese arrogante, besserwisserische Zicke ertragen. Nunmehr sechsundzwanzig Wochen hatte die hochgewachsene Model-Schönheit mit ihrer brünetten Hocksteckfrisur und dem Business-Kostümchen die Sozietät zu ihrem Laufsteg verwandelt.

Und heute hatte Steffi mit dieser Person den ganzen Abend das Missvergnügen.

Doch sie wäre nicht Stefanie Kulig gewesen, wenn sie nicht das Beste aus der Situation machen wollte. Schließlich war das als Strafanwältin ihre Spezialität.

Mit diesen aufmunternden Gedanken betrat sie das Acapulco.

Laute Latino-Klänge und fröhliche Kollegen empfingen sie. Jeder von ihnen hielt einen bunten Drink in der Hand. Sie schaute sich im Raum um. An den Wänden hingen Girlanden, und die Yucca-Palmen waren mit Lametta, Schleifen und Christbaum-Kugeln verunziert. Steffi schauderte bei dieser Szenerie und wandte ihre Augen lieber zum kalt-warmen Buffet, dessen Salate, Suppen und Wraps ein wesentlich reizvollerer Anblick waren.

Doch bevor sich Steffi den kulinarischen Genüssen widmen konnte, war zunächst Weihnachtswichteln an der Reihe. Sie spielten es in der Variante, dass Schenker und Beschenkter nicht vorher feststanden, sondern erst durch Auslosen ermittelt wurden.

„So ist die Überraschung und der Spaß am größten", meinte Frau Fischer, die Chefsekretärin.

Und die Gefahr einen absolut unbrauchbaren Gegenstand zu bekommen, ergänzte Steffi in Gedanken.

Bevor es losging, stöckelte Dr. Habermann eben noch rechtzeitig in den Raum. Nein, „hoheitsvoll schreiten" war der richtige Ausdruck dafür. Mit theatralischer Geste entschuldigte sie sich für ihr Zuspätkommen, kramte umständlich ihr Geschenk aus der Handtasche und stellte es unter Johlen der Kollegen zu den anderen auf den Gabentisch.

Mal wieder hatte Lisa ihren großen Auftritt gehabt.

Steffi rollte mit den Augen und schaute sich um, wo sie am schnellsten etwas Alkoholisches bekommen konnte. Die Getränkekarte war gemäß dem heutigen Anlass umgestaltet worden. Ein Cocktail nannte sich beispielsweise „Sex under the Christmas Tree".

„Der Drink ist eine Offenbarung“, schwärmte Frau Andres, die Buchhalterin der Kanzlei. „Den müssen Sie unbedingt probieren!“

Trotz des bescheuerten Namens folgte Steffi der Empfehlung – und bereute es im gleichen Moment, als sie ihn probierte. Eierlikör, Zimt, Rum und irgendetwas Undefinierbares klebten pappig-süß an ihrem Gaumen.

Angewidert zog sie eine Grimasse und lächelte zugleich gequält, denn sie bekam ihr Wichtelgeschenk. Es war ein dicker Historien-Schmöker, der derzeit einen festen Platz in den Top 10 der Beststeller-Liste hatte. Dem Erfolg zum Trotz war es jedoch nicht Steffis Genre. Andererseits hatte sie nun ein Geschenk für ihre Schwägerin.

Ihr Wichtel-Geschenk, eine Saft-Karaffe, stieß auf wesentlich mehr Gegenliebe.

„Mensch ist die toll! So eine wollte ich schon immer haben“, rief Dr. Lisa Habermann in spitzen Tönen.

Ausgerechnet die hatte ihr Geschenk bekommen!

„Von wem ist die denn?“, fragte die Kollegin in die Runde.

Steffi outete sich nicht. Das Buffet war eröffnet worden und sie wollte sich nun dem angenehmsten Teil des Abends widmen. Sicher nicht dieser Person. Sie setzte sich mit voll beladenem Teller zu Andreas Becker, dem wortkargen Steuerexperten der Kanzlei.

Beim Essen drehte Steffi ihren Stuhl so, dass sie die für ihren Geschmack viel zu hübsche Dunkelhaarige nicht sehen konnte, wie die ein paar Tische weiter mit Kollegen Jenal Small Talk hielt.

Auch so eine ärgerliche Geschichte. Boris Jenal, Wirtschaftsanwalt und Ex-Lover von Steffis bestem Freund, den er nach Strich und Faden betrogen hatte. Kein Wunder, dass ihr Verhältnis zu dem Kollegen nicht das tollste war. Dafür war seine

Beziehung zur Habermann umso besser. Bereits an deren ersten Arbeitstag waren sie ein Herz und eine Seele geworden. Auf Steffis bissigen Kommentar, dass er mit ihr eine richtige Uschi gefunden hatte, was ein Slang-Ausdruck für die Hetero-Freundin eines Schwulen war, hatte er mit breitem Grinsen geantwortet, dass sie im gleichen Team spielten.

Dr. jur. Lisa Habermann war ebenfalls lesbisch – so wie sie! Was das Ganze noch unangenehmer machte.

Gewiss hatten sowohl die Kollegin als auch Steffi nie über ihre Gemeinsamkeit gesprochen. Und auf Boris' Einladung hin zu dritt etwas zu unternehmen, hatte sie dankend abgelehnt. Was wäre das für ein Abend geworden? Stunden vorher sich in der Kanzlei gezofft und danach einen auf Friede, Freude, Eierkuchen machen? Ne, das wäre einfach zu grotesk gewesen! Einen zweiten Versuch machte Boris dann zum Glück nicht mehr.

Steffi trank den ekelhaft süßen Cocktail aus und wechselte wie Kollege Becker zu Bier. Während sie über ihre aktuellen Fälle diskutierten, schob sich Steffis Stuhl wie von selbst auf seine alte Position und ihre Blicke huschten dabei immer wieder wie von selbst hinüber zu ihrer Nemesis.

Verflucht, Lisa war einfach attraktiv, außerdem hochintelligent, eine richtige Traumfrau! Wäre sie lediglich hübsch anzusehen, hätte Steffi damit umgehen können. Aber zusätzlich hatte Lisa einen messerscharfen Verstand und noch schlimmer diese kühle, arrogante Ausstrahlung, die Steffi den Puls nach oben schnellen ließ – was nicht allein aus Ärger geschah. Es wäre sonst leichter zu ertragen gewesen. Nein, Steffi war völlig in die Kollegin verschossen. Und es gab nichts, was sie dagegen unternehmen konnte – außer Distanz zu Dr. Habermann halten und hoffen, dieses Gefühl würde irgendwann vergehen, was es bedauerlicherweise bislang nicht mal im Ansatz getan hatte.

Darüber am heutigen Abend zu lamentieren, war hingegen nicht sonderlich clever, belehrte sich Steffi selbst. Konstruktiver war es, auf andere Gedanken zu kommen. So wandte sie sich verstärkt ihrem Tischnachbarn und den mexikanischen Spezialitäten zu.

Die köstlichen Speisen und die juristische Fachsimpelei mit Kollegen Becker ließen die Feier etwas erträglicher werden.

Aber nicht lange. Die meisten waren noch beim Dessert, als Rolf Wolters sich feierlich erhob: „Es ist wie jedes Jahr ein tolles Fest. Danke euch allen. Wir sind ein klasse Team."

Die Anwesenden murmelten zustimmend.

Mit strahlendem Gesicht fuhr er fort: „Doch weil ohne Singen unsere Weihnachtsfeier keine richtige wäre, lasst uns zusammen ‚Oh du fröhliche' singen, liebe Kollegen!"

Zugleich stimmte die Chefsekretärin das Lied an.

Steffi stöhnte auf. Jetzt war definitiv Zeit für eine Pause. Sie griff nach ihrem Glas und schlich sich aus dem Raum. Ihr Ziel war die Raucherstube des Acapulcos.

Steffi eilte richtiggehend den Flur entlang. Entschieden drückte sie die Klinke und trat in das verräucherte Zimmer. Lediglich der Schein der Straßenbeleuchtung von draußen drang herein. Viel zu dämmrig für Steffis Geschmack. Sie betätigte den Lichtschalter und erschrak im nächsten Moment furchtbar, denn mitten im Raum saß einer Statue gleich die einzigartige Lisa Habermann!

„Wah! Was tun Sie bloß hier?", rief Steffi unwirsch.

„Entschuldigen Sie, Frau Kulig." Lisa zog mit spitzen Lippen an der Zigarette, und in ihrer Miene zeigte sich die typische

Arroganz, die man von ihr gewohnt war. „Ich dachte, dieses Zimmer stünde jedem rauchenden Gast zur Verfügung.“

Steffi beschloss, nicht gleich zu antworten. Sie zündete sich ihren Glimmstängel an und blies den Rauch aus. Erst dann erwiderte sie: „Da haben Sie natürlich recht. Aber warum hocken Sie hier im Dunkeln?“

Auch Lisa ließ sich Zeit. Sie machte ein paar Züge, bis sie erklärte: „Ich wollte nicht nur meinen Ohren, sondern darüber hinaus meinen Augen ein wenig Erholung bieten.“

„Sie sind also ebenfalls vor dem weihnachtlichen Overkill geflüchtet?“ Steffi grinste und setzte sich neben sie. „Da sind wir schon zwei.“

Die Gesichtszüge der Kollegin entspannten sich. „Unser als Nikolaus verkleideter Chef und die Wichtelgeschenke sind ja wirklich ganz amüsant, aber alles andere ist die reinste Realsatire.”

„Wem sagen Sie es!“

„Ein Glück, dass wir dieses Laster als Alibi für eine Verschnaufpause haben.“ Lisa hob ihre Zigarette in die Luft.

„Wie wahr. Nur leider müssen wir bald wieder zurück.“

„Leider.“ Die Kollegin schaute Steffi aufmerksam an. „Sie arbeiten ja schon länger für die Kanzlei. Wissen Sie, warum der Chef so ein Brimborium veranstaltet?“

„Er hat in den USA promoviert und von dort den ganzen Weihnachtskitsch importiert. Sie müssten mal seine Villa sehen. Geschmückt mit allerlei Girlanden und leuchtenden Rentier-Schlitten auf dem Dach. Der reinste Kitsch!“, wurde Lisa grinsend informiert. „Den Kollegen gefällt’s oder sie tun zumindest so als ob.“

„So seriös und bieder, wie die meisten sind, tippe ich bei der Mehrheit auf die zweite Alternative."

Sie lachten schallend. Steffi kam es so vor, dass sich eine Bande zwischen ihnen bildete. Eine Bande der Sympathie – und verbündet waren sie ja tatsächlich, wenn auch vielleicht nur in der gemeinsamen Abneigung gegenüber Weihnachtskitsch. Egal, Steffi fühlte sich auf alberne Weise wohlig, dass sie hier neben Lisa saß und mit ihr ungezwungen plaudern konnte – ihr schönes Gesicht betrachten und ihre Gegenwart genießen durfte. Was sonst ihre Gedanken in Bezug auf diese Frau plagte, hatte plötzlich keine Bedeutung mehr. In Steffi breitete sich eine Zufriedenheit aus, die sie nicht für möglich gehalten hätte.

„Was war bei Ihnen eigentlich der Tropfen, der das Fass zum Überlaufen gebracht hatte und sie flüchten ließ, Frau Kulig?", wollte Lisa wissen.

Steffi sollte ihr so langsam mal das Du anbieten. Dieser Quatsch mit Frau Habermann und Frau Kulig erschien auf einmal unpassend. Doch zunächst beantwortete sie die Frage: „Der gemeinsame Chorgesang. Sich davor zu drücken, ist zum Scheitern verurteilt. Es sei denn, man verlässt rechtzeitig den Raum. Was ich in weiser Voraussicht getan habe."

„Für mich war's der Mistelzweig." Lisa griff mit angewiderter Miene neben sich, holte das grüne Gewächs zum Vorschein und hob es über ihre beiden Köpfe. „Den Namen des Kollegen möchte ich aus Datenschutzgründen nicht nennen, aber dieses Objekt sollte ihm als Vorwand dienen, mich zu küssen."

„Auweia, da hilft echt nur Rückzug." Steffi schaute lächelnd von dem Mistelzweig auf Lisas verführerische Lippen. „Doch im Grunde ist es eine schöne Tradition."

„Da haben Sie recht”, lächelte Lisa zurück und fuhr mit laszivem Klang in der Stimme fort: „Wenn es mit der richtigen Person ist.“

„Und wieder sind wir einer Meinung.“

„Ich könnte mich auf die Dauer daran gewöhnen.“

Sie blickten sich tief in die Augen, und in Steffis Innerem machte sich auf einmal ein süßes, hoffnungsvolles Prickeln breit – das sich jedoch ganz schnell duckte, als die Tür der Raucherstube aufgerissen wurde, und sich bei Boris' Eintreten in den Raum schließlich vollends verabschiedete.

„Da haben sich schon die ersten Turteltäubchen gefunden. Nicht wahr?“, griente er zu Begrüßung. „Störe ich?“

Steffi hätte am liebsten geschrien, dass er gefälligst abhauen solle, stattdessen drückte sie ihre Zigarette aus. „Gewiss nicht. Ich wollte sowieso gehen und meiner Pflicht als Sängerin von Weihnachtsliedern nachkommen.“

Hastig verzog sie sich. Sie ging nicht direkt zurück zu den Feiernden. Zunächst brauchte sie erneuten Nikotinkick, und den gab sie sich draußen vor dem Lokal. Steffis Gedanken sausten dabei umher wie auf einer Achterbahnfahrt. Beinahe hätte sie eben Lisa geküsst, nur weil die sich zur Abwechslung wie ein halbwegs freundlicher Mensch aufgeführt und einen Mistelzweig in die Luft gehoben hatte. Was war bloß in sie gefahren? Sie musste Boris dankbar sein, dass er rechtzeitig aufgetaucht war.

Bei ihrer Rückkehr blieb Steffi unter Hochspannung. Die Zuneigung gegenüber Lisa ließ sie immer mehr verzweifeln, und die Aktion vorhin verstärkte das noch immens. Aus den Augenwinkeln beobachtete sie, wie Boris und die Kollegin wieder den Raum betraten. Schnell bestellte sie sich einen weiteren Drink und betrachtete Kollege Becker, der seinerseits trübsinnig in sein leeres Bierglas starrte. Von ihm konnte sie keine Ablenkung erwarten.

Die innere Unruhe machte sie ganz hibbelig. Sie musste sich unbedingt abreagieren. Aber wie sollte sie das im Acapulco tun? Hier, unter den Augen ihrer Kollegen und besonders in Anwesenheit von Lisa Habermann, dem Grund ihrer Aufregung? Wie aufs Stichwort legte der DJ eine schnelle Samba-Nummer auf. Das war die ersehnte Rettung.

Steffi enterte sofort die Tanzfläche. Zugleich bewegte sie sich im Takt der Musik. Die peitschenden Rhythmen, der fröhliche Gesang und ihr zappelnder Leib ließen im Gegensatz dazu ihr Inneres endlich zur Ruhe kommen. Steffi tanzte erst allein, dann mit anderen. Mit wem, das vergaß sie direkt nach dem Ende des jeweiligen Liedes. War das nicht auch egal? Leider – Nein! Hauptsache, es war nicht mit Lisa Habermann.

Unwillkürlich fragte sie sich, wie sie wohl auf die Kollegin wirkte, wenn die nun zu ihr sehen würde – was Frau Dr. jur. Lisa Habermann natürlich nicht tat. Aber trotzdem, wie würde Lisa sie in diesem unwahrscheinlichen Fall wahrnehmen? Als blonden Bauerntrampel, der anstatt vor Gericht oder in der Kanzlei nun auf der Tanzfläche herumstampfte? Oder als eine sinnliche, begehrenswerte Frau mit Kurven an den richtigen Stellen?

Steffi musste über ihre Grübeleien selbst schmunzeln. Irgendwie half das, und sie entspannte sich zusehends. Sie schloss die Augen, ihr Körper wiegte sich im Takt und sie verlor sich ganz im Moment. Sie tanzte, bis ihr der Schweiß über das Gesicht rann und sie außer Atem stehen blieb. Ihrer Hibbeligkeit hatte sie durch die spontane Sporteinlage den Garaus gemacht. Genau wie der nervösen Energie, die sich die letzten Monate aufgebaut hatte, in denen sie versucht hatte, durch viel Arbeit, diverse Weiterbildungen und anderem Aktionismus nicht an eine bestimmte Person zu denken. Im Prinzip ohne wesentlichen Erfolg. Jetzt hingegen, total ausgepowert vom Tanzen, fühlte sie fast eine friedliche Ausgeglichenheit in sich. Sie beschloss, zu ihrem Tisch zurückzukehren. Doch zuerst besorgte sie sich an der Bar ein weiteres Bier und einen Tequila. Auf dem gesamten Rückweg zu ihrem Platz spürte Steffi dabei Lisas Augen auf sich ruhen. In irritierter Überraschung murmelte sie: „Ich würde nur zu gern wissen, warum sie das tut. Normalerweise benimmt die sich so, als würde ich nicht existieren."

Weshalb also verfolgte die Anwältin sie jetzt mit ihren Blicken? An dem kurzen Plausch eben im Raucherraum konnte es kaum liegen. Oder etwa doch? Wie dem auch war, mit Steffis Ausgeglichenheit war es jedenfalls wieder vorbei. Sie ließ sich auf ihren Stuhl fallen und nippte an ihrem Bier. Der schweigsame Kollege Becker nickte ihr zu, dann widmete er sich wieder seinem Drink. Sie beide waren sich gegenseitig für den heutigen Abend das perfekte Alibi. Die anderen dachten, sie wären in einem vertraulichen Gespräch, wie sie da zu zweit an dem abgelegenen Tisch saßen, dabei hingen sie jeweils allein ihren Gedanken nach. Becker grübelte wahrscheinlich verbissen über die Gründe, weshalb seine Frau ihn durch einen Jüngeren ersetzt hatte. Und sie selbst sinnierte mal wieder über ihr Lieblingsthema: Dr. jur. Lisa Habermann.

Wie gerne hätte sich Steffi abgelenkt, aber es gab keine akzeptablen Alternativen mehr. Weder wollte sie in ihrer momentanen Situation Beckers Trennungsschmerz zuhören, noch sah sie sich in der Lage, bei den albernen Aktivitäten der Feiernden mitzumachen. Einfach heimzugehen, war unglücklicherweise auch keine Option. Ihre Uhr zeigte leider erst unbarmherzige 22 Uhr an. Viel zu früh, um zu verduften, ohne bohrende Nachfragen seitens der Kollegen zu riskieren.

Schicksalsergeben lehnte sich Steffi auf ihrem Stuhl zurück und beschloss, das Treiben zu beobachten. Doch ihre Aufmerksamkeit blieb nicht lange an den tanzenden oder trinkenden Kollegen, auch nicht an dem singenden Kanzleichef oder an der Sekretärin, die mit dem Kellner flirtete, hängen. Vielmehr suchten ihre Augen immer wieder die Gestalt von Lisa Habermann. Sie betrachteten diese wundervollen Lippen, wie sie sich zu einem leichten Lächeln formten.

Steffi lächelte ebenfalls, als sie sah, wie die Anwältin kurz darauf die Augenbrauen hochzog. Eine typische Angewohnheit von Lisa. Was hatte diese Eigenheit bei Diskussionen sie früher verärgert. Am liebsten wäre sie ihr dann an die Gurgel gegangen und hätte ihr die blasierte Überheblichkeit herausgequetscht. Aber das gehörte der Vergangenheit an. Zum einen, da Steffi längst für sich realisiert hatte, dass sie mehr für die Anwältin als harmlose Vernarrtheit empfand. Zum anderen, da sie erkannte, dass sich hinter der besserwisserischen, coolen Fassade ein liebenswürdiger, sanfter Geist verbarg. Eigenschaften, die sich Juristen in ihrem Job kaum leisten konnten, wie Steffi aus eigener Erfahrung wusste. Mit dieser Erkenntnis über Lisa verpuffte der Ärger, und das war das Ende ihrer Konflikte.

Irgendwie vermisste Steffi trotzdem die Auseinandersetzungen, denn sie hatten eine seltsame Art der Nähe zwischen ihnen bedeutet. Nicht zuletzt war Wut eine Emotion, ein Punkt der Verbundenheit. Aber das war inzwischen längst vorbei. Die Streitereien hatten beide stillschweigend durch höfliches, distanziertes Verhalten zueinander ersetzt, was Steffi im Geheimen wahnsinnig machte. Besonders heute Abend.

Sie nahm einen tiefen Schluck aus ihrer Flasche. So floss das Bier weiter in einem beständigen Strom ihre Kehle hinab, bis Steffis Kopf und Leber kurz nach Mitternacht im Duett riefen: „Hab endlich Gnade mit uns! Es ist genug!"

Das war es in der Tat. Steffi hatte außerdem genug von der penetrant fröhlichen Latino-Musik, den aufgekratzten Kollegen und vor allem von Lisa Habermanns Anblick. Es war wirklich Zeit zu gehen. Sie verabschiedete sich von den meisten Anwesenden, die sie zum Glück durch ihren eigenen Alkoholpegel und diversen Aktivitäten nicht über Gebühr aufhielten. Sie warf einen letzten langen Blick auf Lisa und verließ das Lokal.

Eigentlich hätte sie bereits vorgewarnt sein müssen, als sie beim Hinausgehen nur mit Mühe die Jacke angezogen bekommen hatte, doch als sie nach draußen trat, traf die frische Luft sie wie ein Vorschlaghammer. Der Alkohol, der eben noch relativ friedlich in Steffis Blutbahn geschlummert hatte, führte nun schlagartig in ihrem Körper einen Hottentotten-Tanz auf. Die Beine wurden zu Gummi, und sie verlor das Gleichgewicht. Fast wäre Steffi auf den Hintern geplumpst, wenn sie sich nicht gerade rechtzeitig an einer

Hauswand hätte festhalten können. Erschöpft lehnte sie sich an das Mauerwerk. Die Welt schien sich um sie zu drehen. Schneller und schneller.

„Verdammt, es ist schon lange her, dass ich so viel getrunken habe. Schätze, so geeicht wie während des Studiums bin ich nicht mehr", flüsterte sie reumütig in sich hinein.

„Frau Kulig, kann ich Ihnen behilflich sein?", drang plötzlich von hinten eine wohlbekannte, leicht näselnde Stimme an ihr Ohr.

Steffi drehte sich um und sah die Kollegin mit offenem Mantel zu ihr eilen. Ausgerechnet Lisa musste jetzt erscheinen. Ihr blieb auch nichts erspart.

„Nein, danke, Frau Dr. Habermann. Mir geht's bestens. Will nur heim und mich hinlegen. Gute Nacht." Steffi drückte ihr Kreuz durch und versuchte sich in gerader Linie vorwärtszubewegen. Sie scheiterte bereits nach wenigen Schritten kläglich. Ihre Knie knickten ein, und schon wieder landete sie beinahe auf der Erde. Stöhnend hielt Steffi sich an einer Litfaßsäule fest.

„Das hat doch keinen Sinn, Frau Kulig. Sie können sich kaum noch auf den Beinen halten. Ich begleite Sie zu Ihrer Wohnung", meinte Lisa gönnerhaft.

„Nein! Hicks. Ich hab's nur ein bisschen mit 'm Kreislauf", wehrte Steffi ab. „Hab's nicht weit."

„Und für mich ist es nur ein kleiner Umweg."

Steffi stöhnte auf. Konnte diese Frau penetrant sein!

In der größtmöglichen Liebenswürdigkeit, zu der ihr malträtiertes, betrunkenes Hirn fähig war, erwiderte sie: „Gute Nacht, Frau Habermann. Danke fürs Angebot, aber ich muss leider ablehnen. Geh allein heim."

„Das kann ich in Ihrem alkoholisierten Zustand nicht zulassen, sonst mache ich mich wegen unterlassener Hilfeleistung straffällig, Frau Kulig“, entschied Lisa mit einem Augenzwinkern.

Das Argument zog.

„Wenn’s sein muss“, gab Steffi widerstrebend nach. „Aber das muss unser Geheimnis bleiben.“

„Versprochen.“ Lisa lächelte ihr verschwörerisch zu.

„Gut.“ Auf einmal war der Gedanke an eine Begleitung zu ihrem Apartment gar nicht mehr solch eine Horrorvorstellung.

Steffi ließ die Litfaßsäule los – und ein drittes Mal wollte die globale Schwerkraft sie zu Boden reißen. Quasi im letzten Augenblick bekam die Kollegin sie zu fassen, dabei knallte Steffi auf Lisas Vorderseite – was nicht unangenehm war. Steffi lächelte. Sie nahm Lisas betörendes Parfum wahr und hatte einen ungehinderten Ausblick auf ihr offenherziges Dekolleté.

„Überaus schöne Aussicht auf einen hübschen Busen“, nuschelte Steffi genussvoll. Verblüfft schüttelte sie im nächsten Moment den Kopf. „Habe ich das gerade laut gesagt?“

Lisa zog sie mit einem schnellen Ruck in eine aufrechte Position und starrte sie mit riesengroßen Augen an. „Das haben Sie, Frau Kulig. Vielen Dank fürs Kompliment.“

„Hey, ich sag nur, was ich sehe“, murmelte Steffi. Mehr konnte sie nicht erwidern. Sie mochte zwar nicht mehr nüchtern sein, so hinüber war sie jedoch auch nicht, als dass ihr Denkapparat sich vollkommen verabschiedet hätte. Wie hatte sie sich nur zu diesem blöden Spruch hinreißen lassen können? Verlegen beschloss sie, für den Rest des Heimwegs ihre Klappe zu halten.

Lisa schwieg ebenfalls. Dafür legte sie ihren Arm um Steffis Taille und schleifte sie mit sich mit.

⁂

Als sie Steffis Heim erreichten, ging Lisa nach dem Toilettengang suchend durch die Wohnung. Schließlich fand sie das Schlafzimmer und schob die Betrunkene dort hinein. Steffi leistete keinerlei Widerstand. Lammfromm ließ sie sich aufs Bett bugsieren. Völlig benommen saß sie für einige Sekunden zusammengesunken mit den Armen auf dem Schoß, bevor sie auf die Matratze zurückplumpste.

Lisa zog ihr die Schuhe aus, und wie auf Kommando robbte Steffi zur Gänze aufs Bett.

„Sie tragen noch Ihre Jacke. Mögen Sie die nicht ablegen?"

„Okay."

Lachend griff Lisa nach ihren Händen und brachte Steffi wieder in eine sitzende Position. Sie befreite sie vom Kleidungsstück, was Steffi passiv über sich ergehen ließ.

„Sie können ja richtig brav sein. So kenne ich Sie gar nicht."

„Muss wohl an der Weihnachtszeit liegen", kam es verwaschen zurück.

„Und an den diversen Promille-Tierchen."

„Na ja, im Wein liegt die Wahrheit. Gell?"

„Was immer Sie meinen", erwiderte Lisa in geduldigem Ton. „Jetzt legen Sie sich hin und schlafen Sie."

„In Ordnung." Steffi ließ sich erneut auf die Matratze fallen.

Sanft schob Lisa ihr ein Kissen unter den Kopf und deckte sie mit dem Laken zu. Bevor sie sich wieder erheben konnte, schlang Steffi liebevoll die Arme um ihren Nacken. Sie musste es einfach tun. Sie konnte nicht anders. Nur für einen kurzen Moment, nur ein einziges Mal diese wundervolle Frau ganz nah an sich spüren.

So betrunken sie auch war, bemerkte sie in den schönen, dunkelbraunen Augen ihrer Kollegin grenzenlose Überraschung, aber auch warme Zärtlichkeit. Eine Zärtlichkeit, die Steffi den Mut gab, endlich das zu sagen, was sie bereits so lange Zeit sagen wollte.

„Ich bin in dich verliebt, Lisa. Schon seit du bei uns arbeitest!" Kaum hatte sie sich offenbart, schloss sie ihre Lider und reiste ins Land der Träume.

Trotz der vielen Drinks erwachte Steffi am nächsten Morgen seltsamerweise katerfrei und erholt. Sie hätte fit in den Tag starten können, wenn da nicht eine vage Erinnerung gewesen wäre, dass Dr. jur. Lisa Habermann ihre Wohnung betreten hatte. Außerdem war da noch etwas anderes ... Sie kam jedoch nicht drauf, was es war. Egal. Sie wollte nicht darüber grübeln. Besser war es sowieso nicht mehr an die Weihnachtsfeier und ihre Begleitumstände zu denken. Sie setzte sich auf, griff nach der Sprudelflasche auf dem Nachttisch und nahm einen tiefen Schluck daraus.

„Guten Morgen."

Einem Herzkasper nahe zuckte Steffi zusammen. Sie drehte ihren Kopf und sah Lisa auf einem Stuhl sitzen. Ungläubig starrte sie sie an und wurde ihrerseits mit unergründlichem Blick taxiert.

„Frau Habermann! Sie sind noch hier?", rief Steffi schockiert. Verwirrt rieb sie sich die Augen und schaute auf die Kollegin, die ruhig in ihrem Schlafzimmer hockte, als wäre es das Selbstverständlichste auf der Welt. Irgendetwas begann, im hinteren Teil ihres Hirns zu nagen. Was hatte sie bloß letzte Nacht getan?

„Bin ich. Wir haben nämlich zu reden!“, erwiderte Lisa einer strengen Lehrerin gleich.

Blitzartig kam da in Steffi die Erinnerung zurück, und ihr schamrotes Gesicht machte augenblicklich einem Feuermelder Konkurrenz.

Nie wieder Alkohol! Wie sollte sie das bloß ausbügeln? Wie widerrief man ein Liebesgeständnis?

Zunächst einmal mit dem Versuch, etwas Aufschub zu bekommen: „Das können wir auch später tun. Ich würde zuerst gern duschen. Wenn Sie wollen, können Sie in der Zwischenzeit hier frühstücken.“

„Danke, ich bin nicht hungrig. Ich will nur eine Sache wissen.“

Verflucht, diese Frau war richtig hartnäckig! Aber war es ein Wunder? Sie war Anwältin und hatte die ganze Nacht gewartet. Was sollte Steffi nur tun?

„Sind Sie wirklich in mich verliebt, Frau Kulig?“, kam von Lisa mit emotionsloser Stimme der befürchtete Schlag.

„Haben Sie gestern auch einen über den Durst getrunken?“, wich Steffi ihm nicht gerade elegant aus.

„Beantworten Sie bitte meine Frage.“

Steffi war dem absolut nicht gewillt. „Deswegen sind Sie extra hiergeblieben? Wegen eines Spruches? Hören Sie, ich war nicht zurechnungsfähig.“

„Was ein Gutachter zu klären hätte.“ Lisa setzte ihre bekannte arrogante Miene auf. „Jedenfalls wäre das eine Erklärung für Ihr Verhalten. Oder aber Sie verachten mich bis ins Mark.“

„Wie kommen Sie denn darauf?“

„Seit ich in der Kanzlei bin, verwickeln Sie mich entweder in Streitereien oder reden mit mir nur das Nötigste. Und gestern erfuhr ich von anderen, dass mein Wichtelgeschenk von Ihnen kam. Dann immer wieder diese langen Blicke. Soll ich fortfahren?“ Lisa hob ihre Augenbrauen.

„Kein Bedarf“, erwiderte Steffi kapitulierend. Ihre geheimsten Gefühle waren entblößt. Leugnen war zwecklos oder würde nur noch für mehr Probleme sorgen. Sie spürte Tränen der Demütigung in sich aufsteigen. „Okay, ich habe mich in dich verliebt. Bist du jetzt glücklich?“

In einer anmutigen Bewegung stand Lisa wortlos vom Stuhl auf. Langsam schritt sie zum Bett und kniete sich vor Steffi. Mit einem liebevollen Lächeln nahm sie ihren Kopf in die Hände. „Ja, ich denke, dass ich nun in der Tat glücklich bin.“

Was hatte diese Frau gerade gesagt? Steffi glaubte, sich verhört zu haben. Und noch mehr, sie glaubte, zu träumen. Sollte ihr größter Wunsch in Erfüllung gehen? Vorsichtshalber blinzelte sie ein paarmal.

Aber es blieb, wie es war. Lisa blickte sie so voller zärtlicher Zuneigung an, dass ihr eigener Magen anfing zu flattern – was absolut nicht am gestrigen Alkohol lag. Steffi spürte sanfte Finger ihre Wangen liebkosen. Sie selbst legte die Hände auf weiche, zarte Schultern und versank in warmen, braunen Augen.

Ihre Gesichter näherten sich einander an, und bevor sich ihre Lippen trafen, flüsterte Lisa: „Ich bin nämlich auch in dich verliebt, Steffi.“